EL
BOSQUE ENCANTADO
LIBRO PARA COLOREAR

EL BOSQUE ENCANTADO
LIBRO PARA COLOREAR

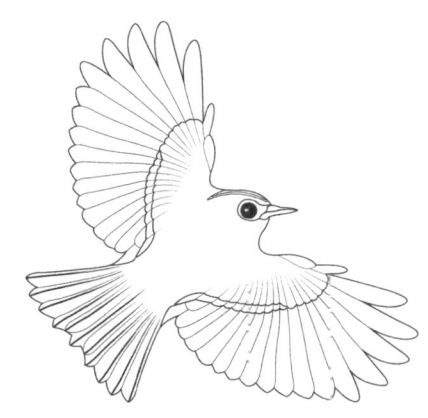

MARIA BRZOZOWSKA

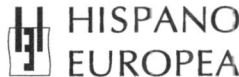 HISPANO EUROPEA

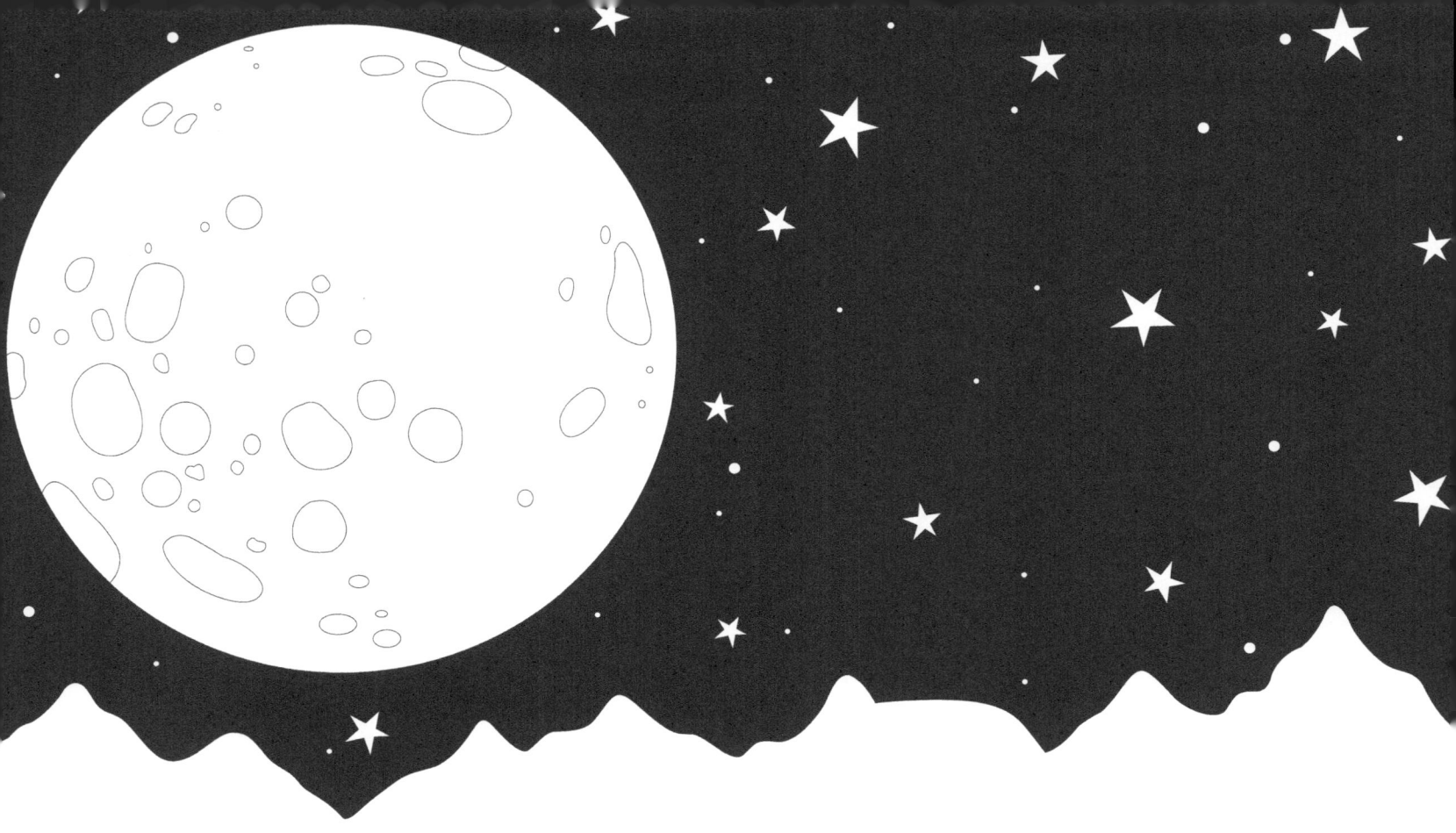

Título de la edición original: The Enchanted Forest. Colouring Book

Copyright © Arcturus Holdings Limited
26/27 Bickels Yard, 151–153 Bermondsey Street,
London SE1 3HA

© de la edición en castellano, 2026:
Editorial Hispano Europea, S. A.
E-mail: hispanoeuropea@hispanoeuropea.com

Depósito Legal: B 3342-2026
ISBN: 978-84-255-2119-5

Consulte nuestra web:
www.hispanoeuropea.com

Impreso en España

INTRODUCCIÓN

Una maravillosa colección de animales y criaturas mágicas ha hecho su hogar en la penumbra del bosque encantado. La artista Maria Brzozowska ha creado una serie de escenas especiales para que las colorees. Para que tus colores destaquen, cada ilustración tiene un fondo oscuro. Descubrirás un grupo de ranas reunidas alrededor de un estanque y castores atareados construyendo sus presas. Conocerás todo tipo de aves como azores, pájaros carpinteros y aves cantoras como petirrojos, camachuelos y lúganos. Y junto al mundo natural aparecen personajes de fantasía, como hadas de las flores y elfos del bosque. En el borde del bosque, una liebre mira fijamente a la luna, una relación tan antigua como el tiempo. Para sacar el máximo partido a estas ilustraciones, elige lápices, bolígrafos o rotuladores en colores que destaquen sobre el fondo. Busca un lugar tranquilo (quizá en un bosque) y pasa un rato agradable coloreando tu propio mundo encantado.

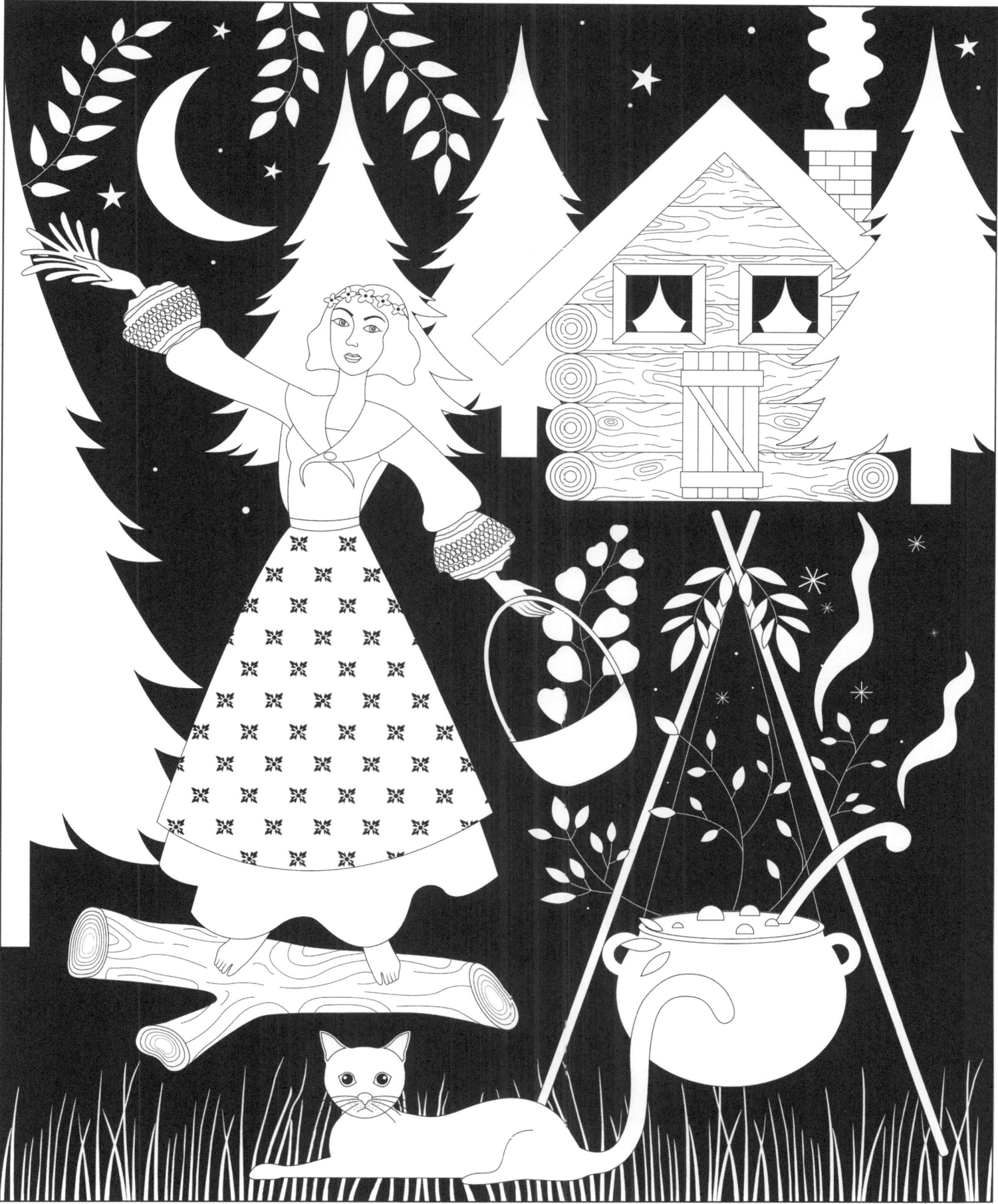

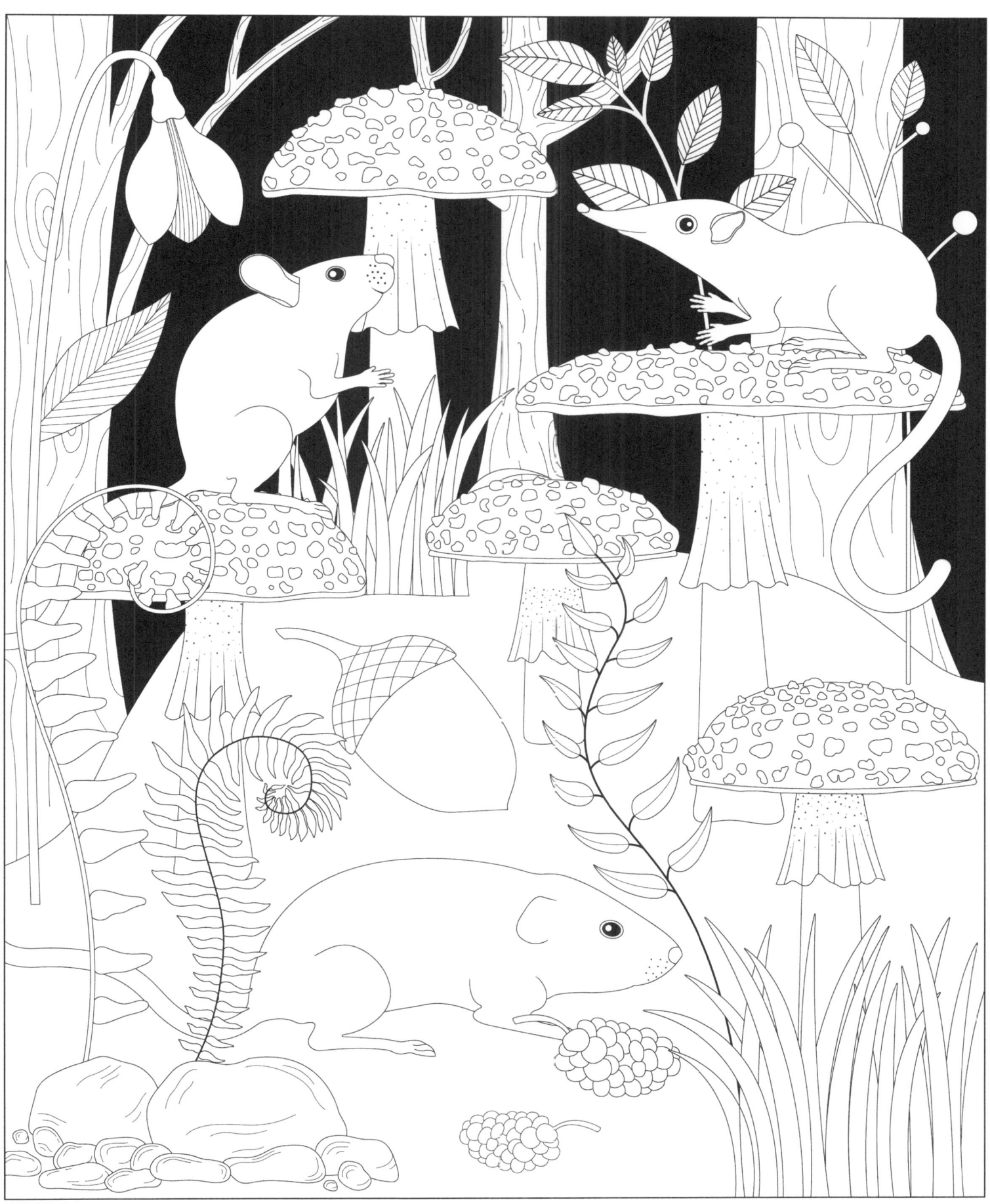

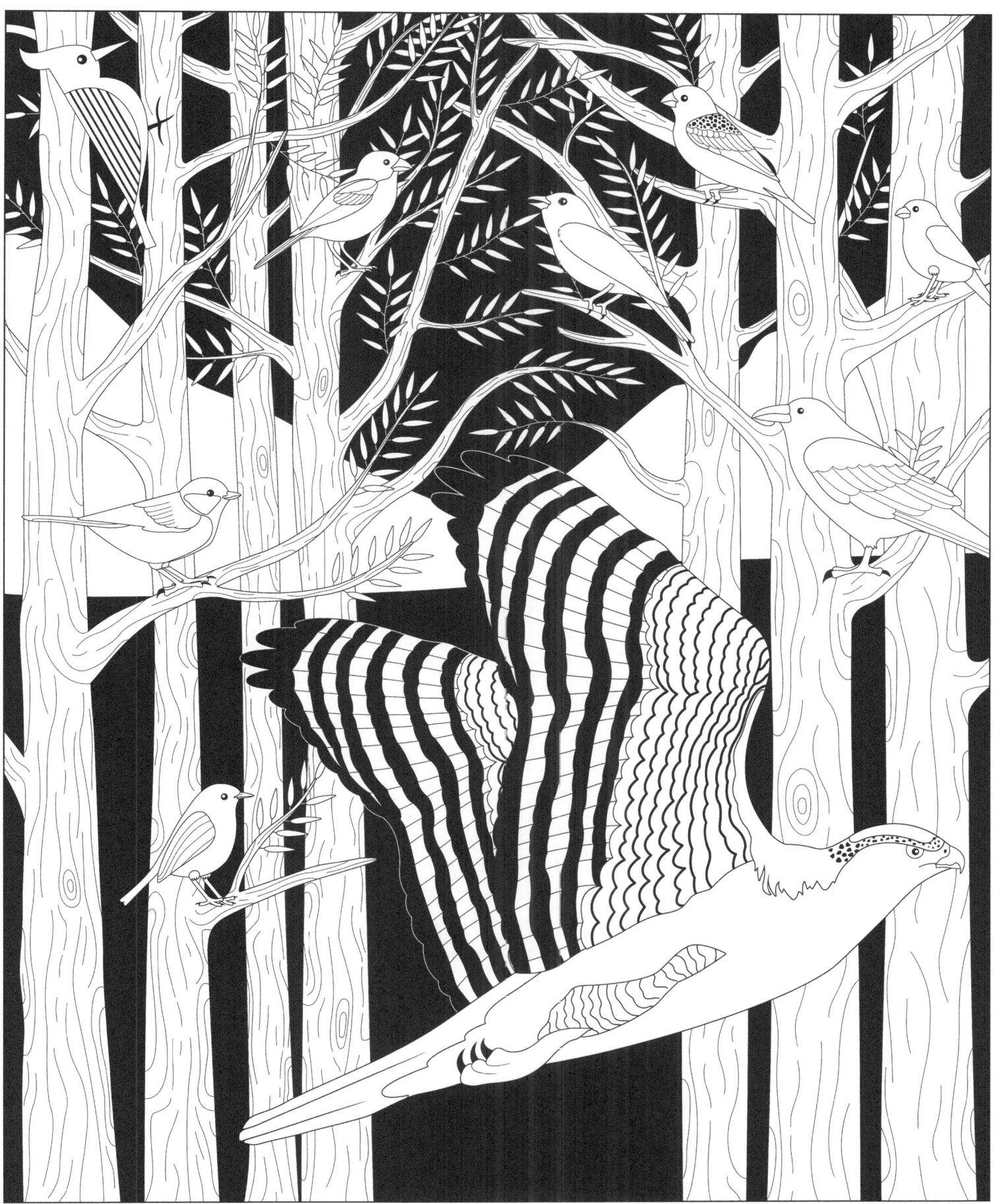

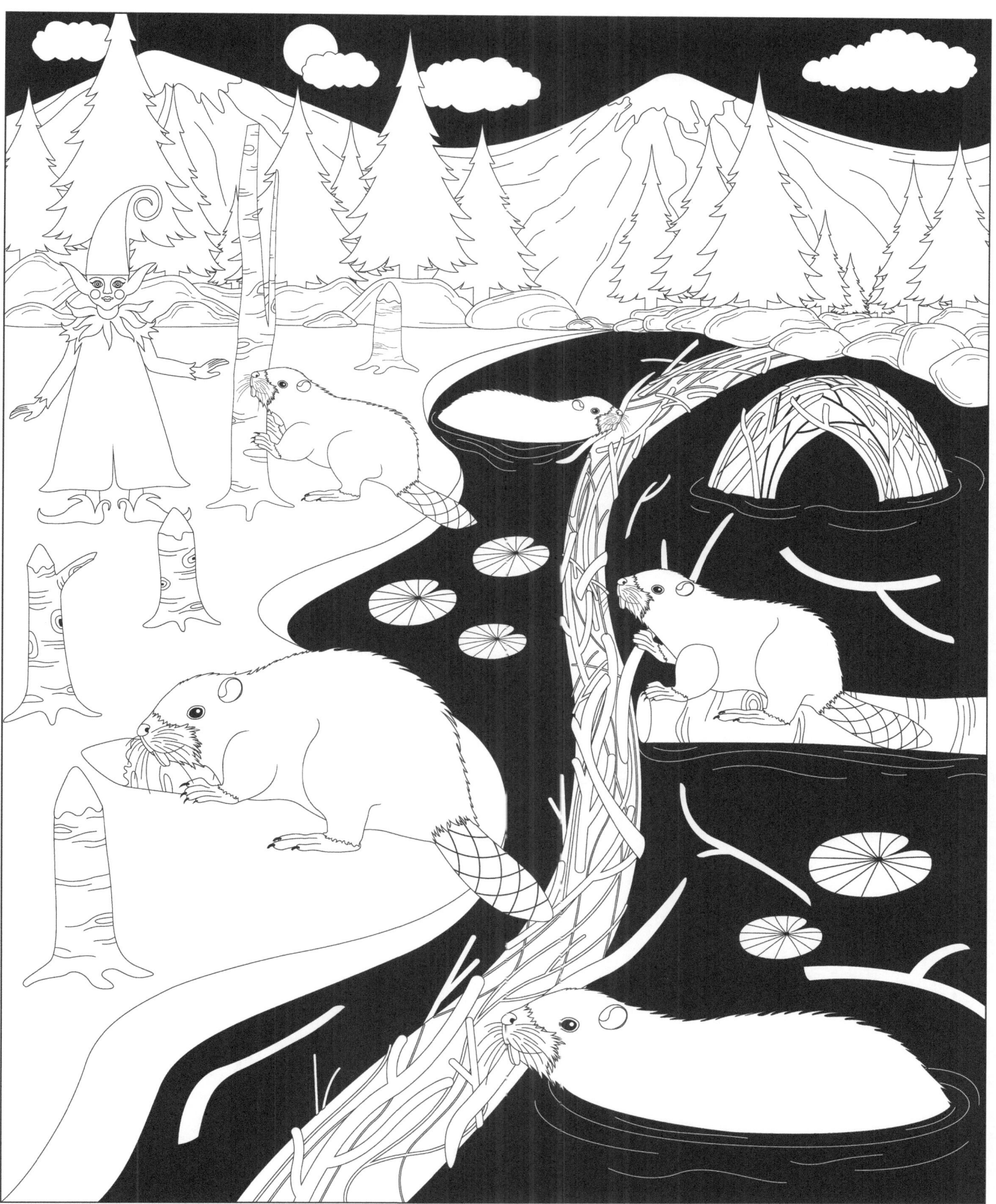

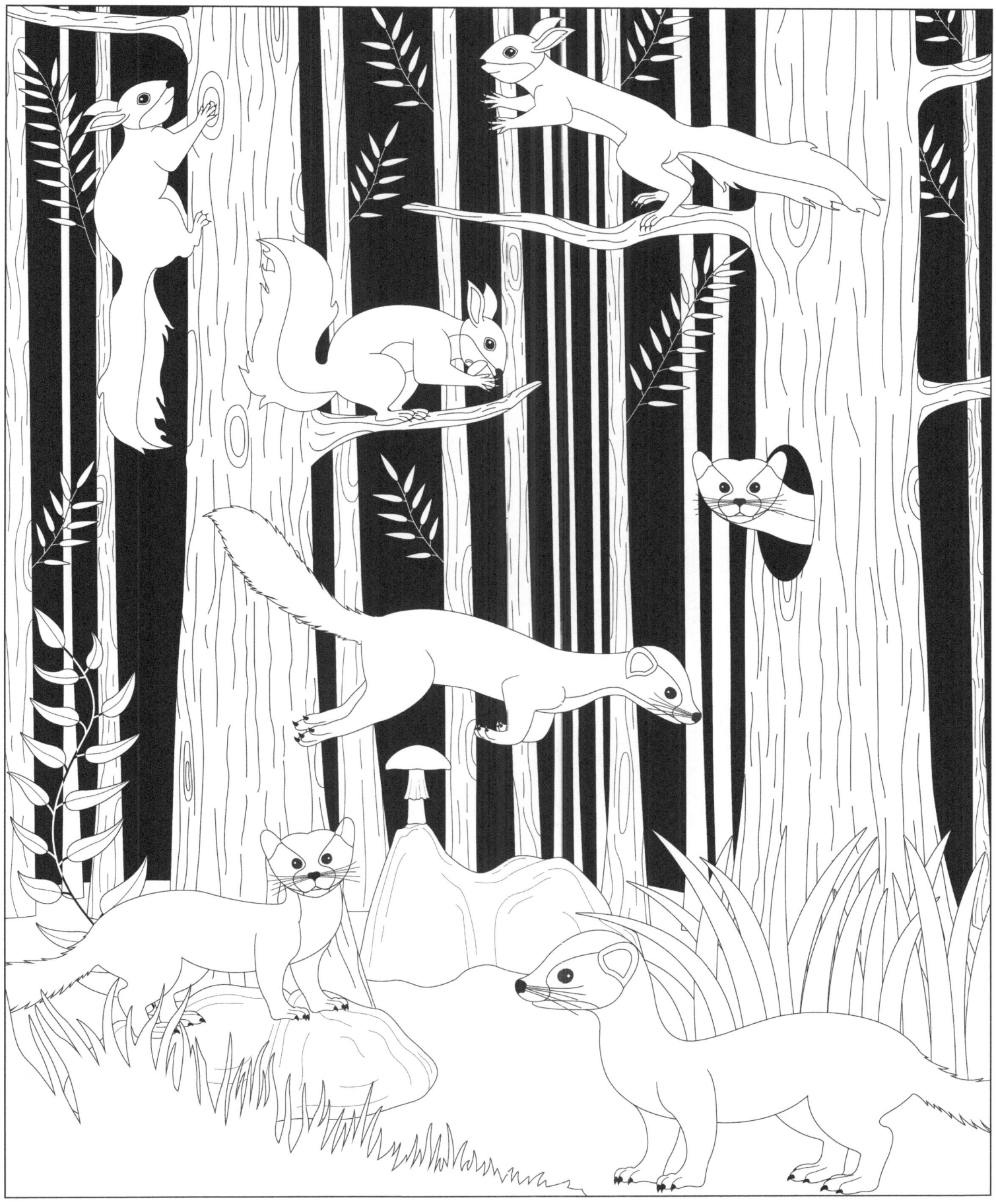

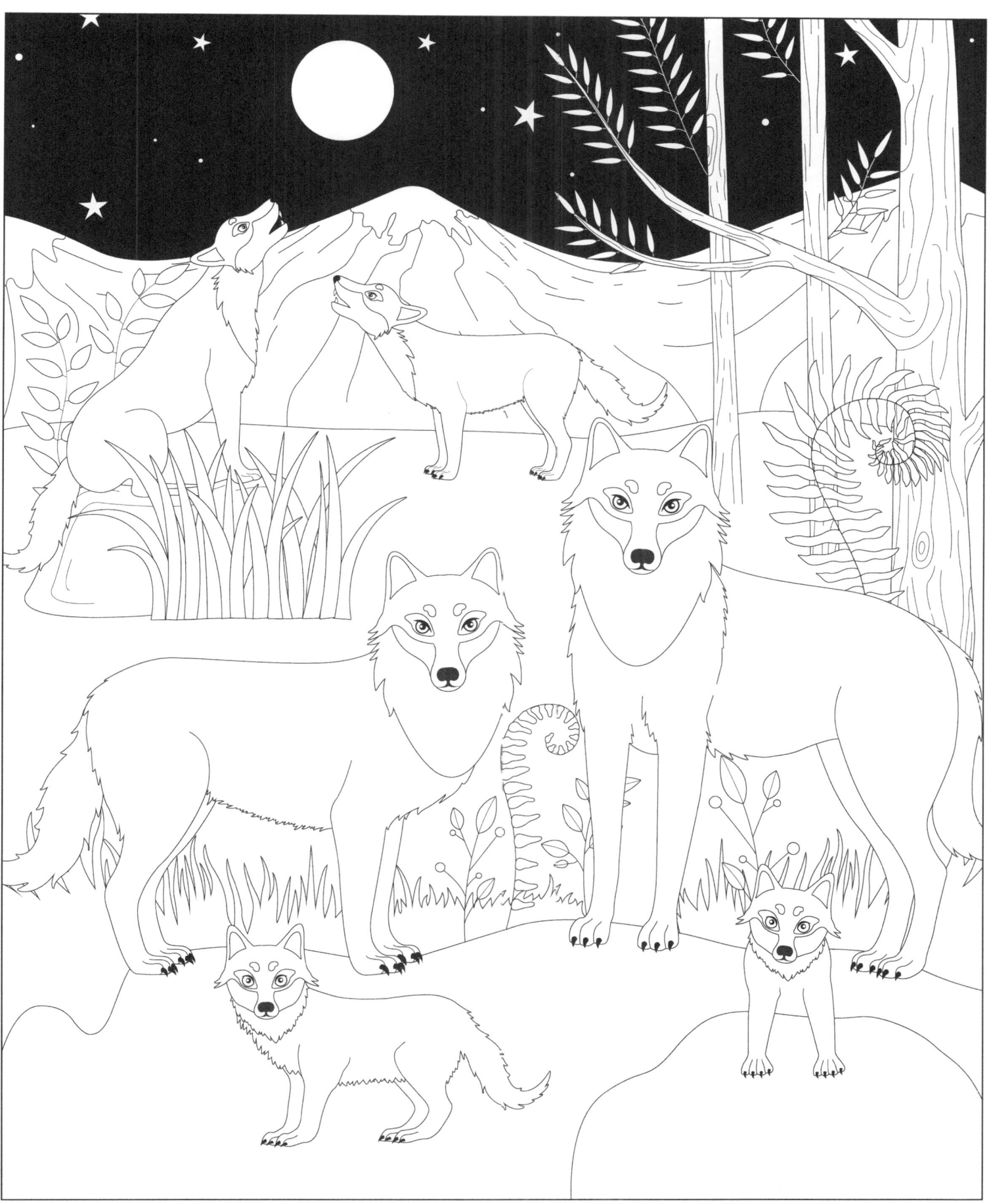

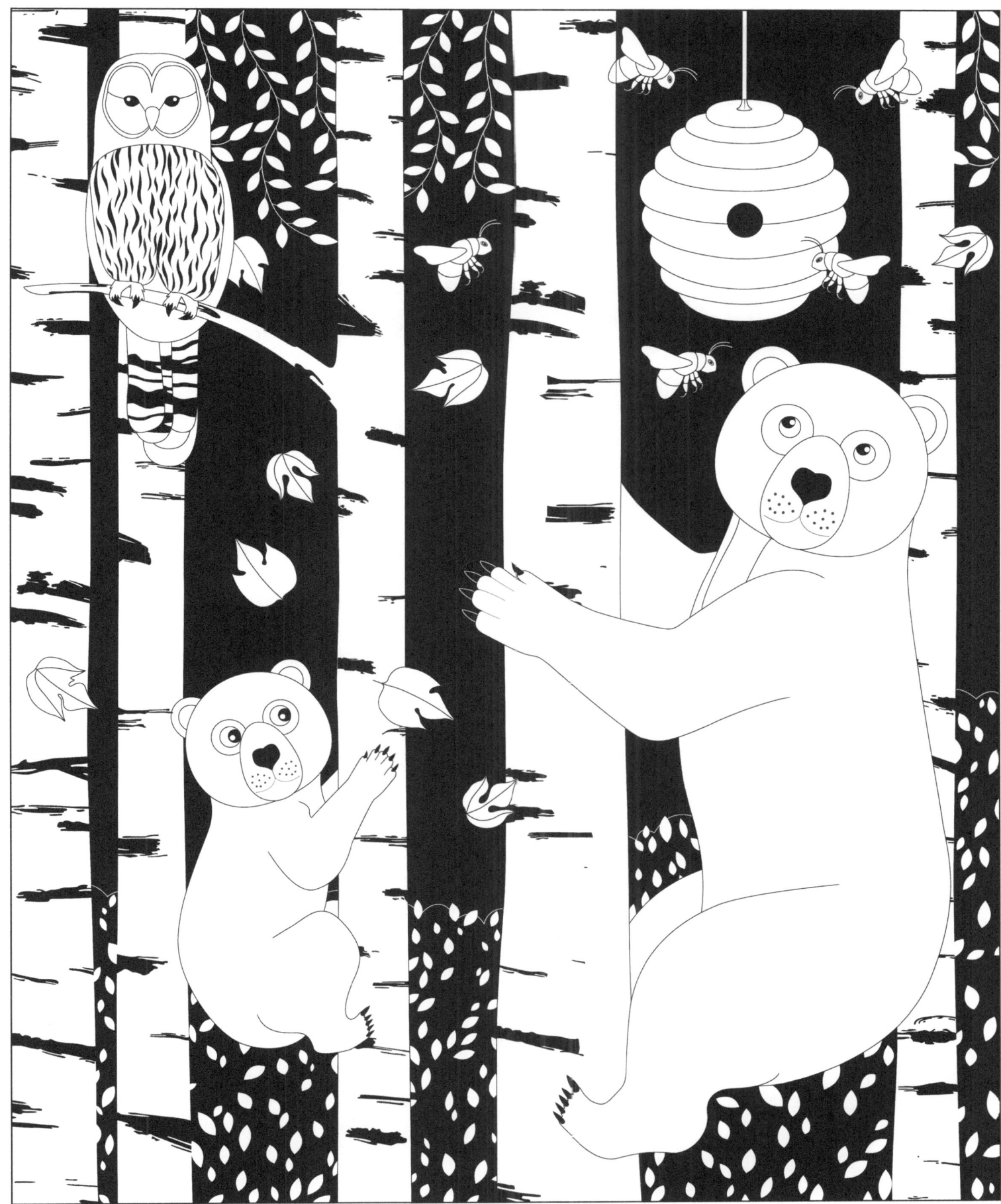

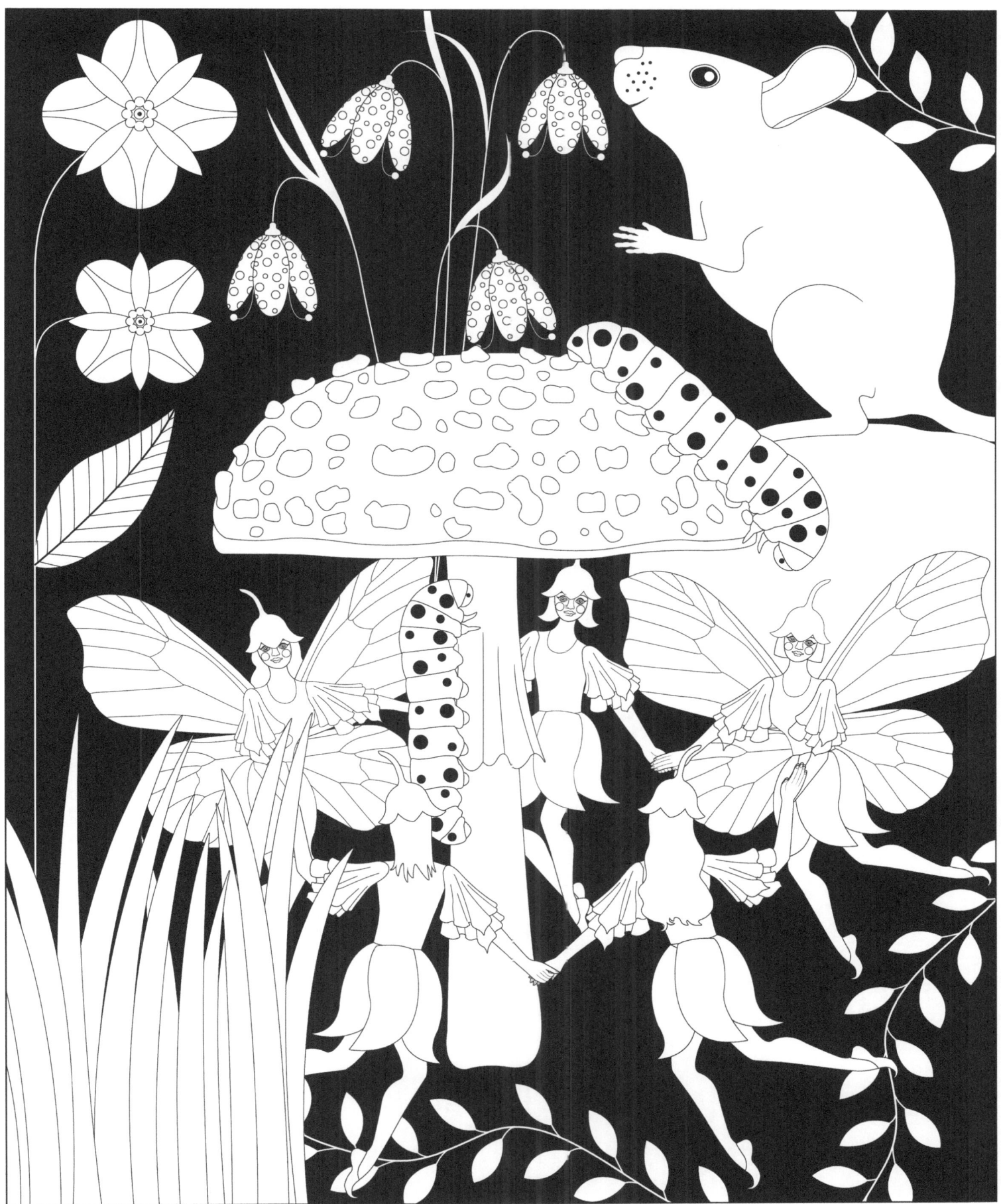

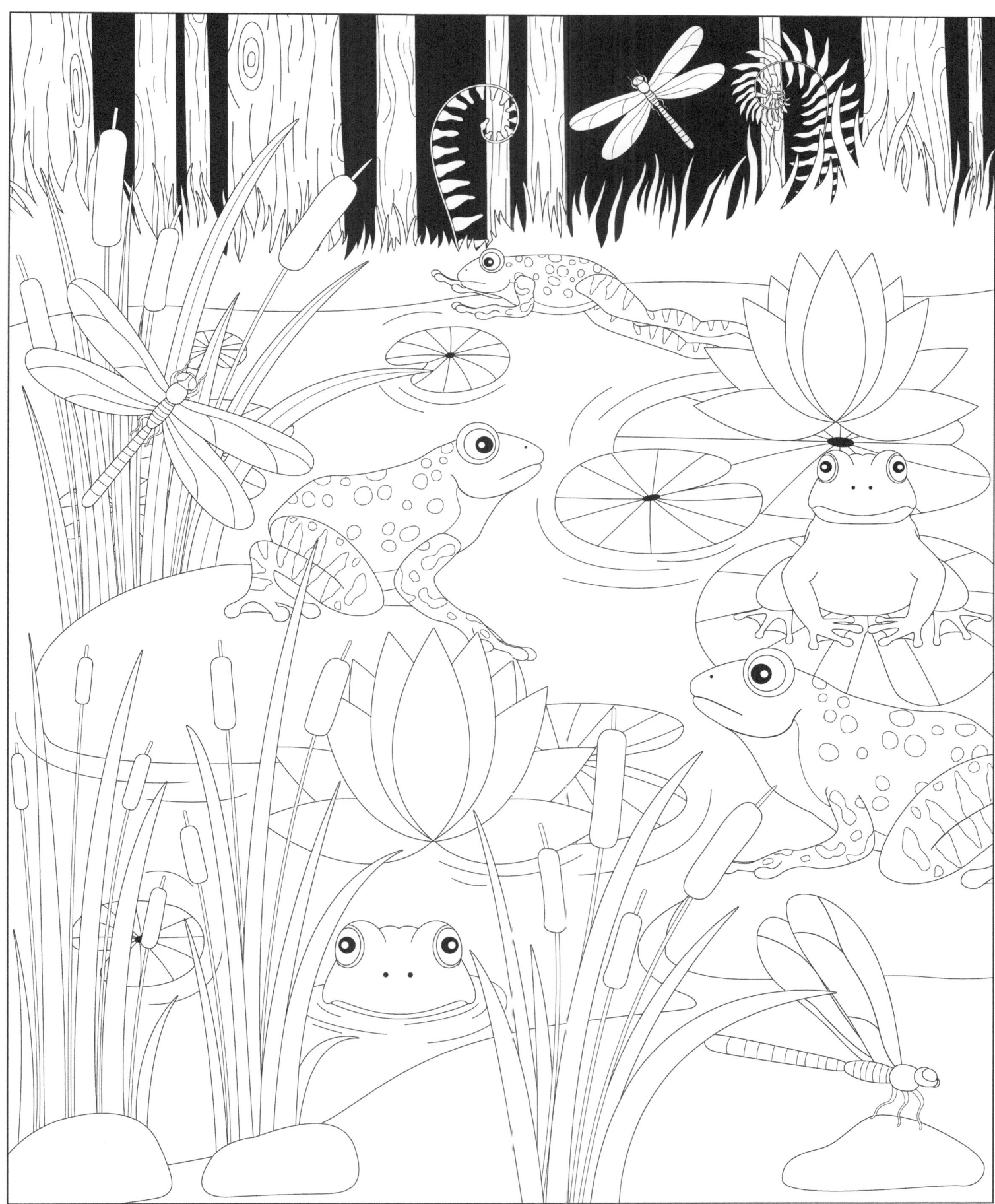

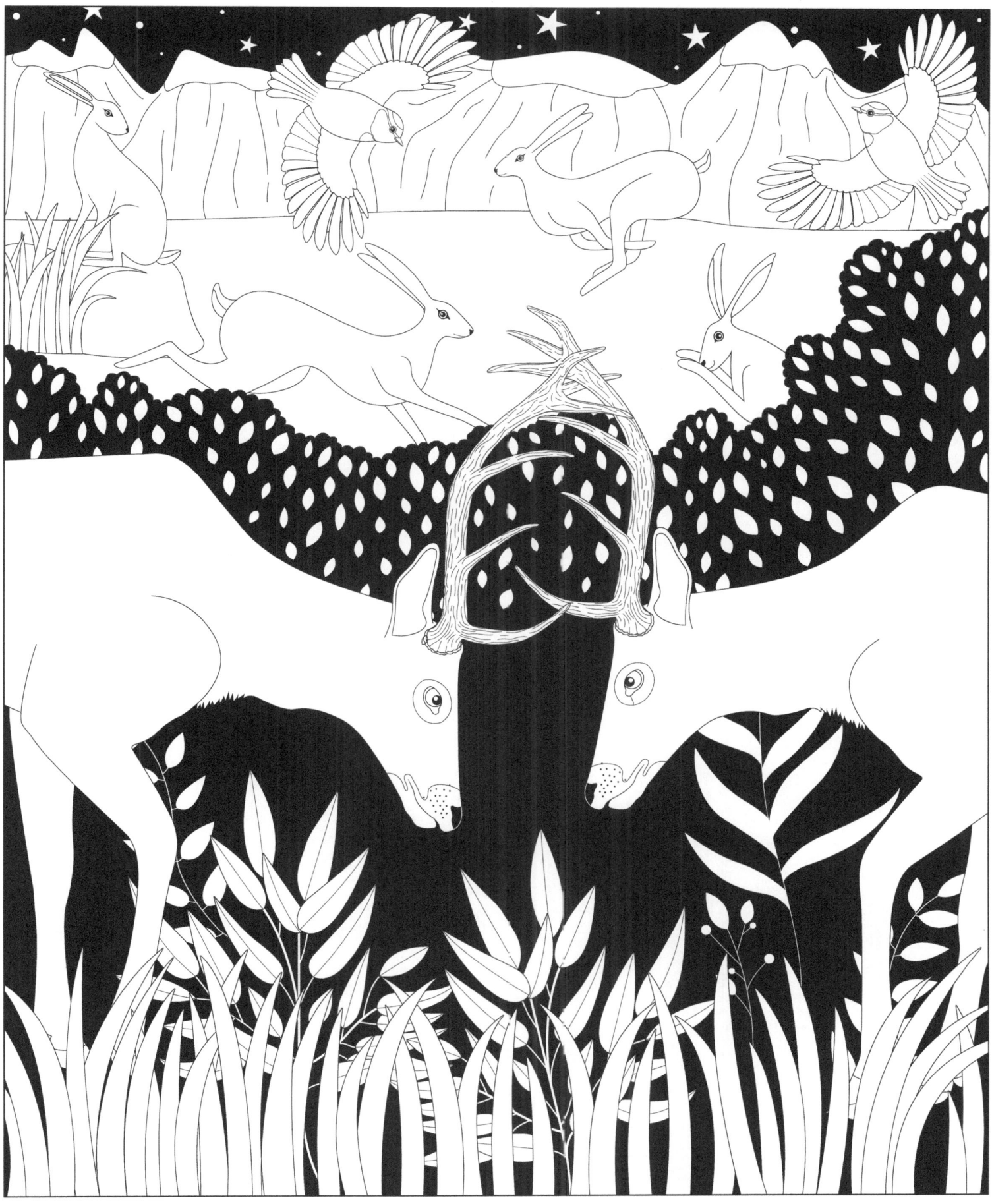

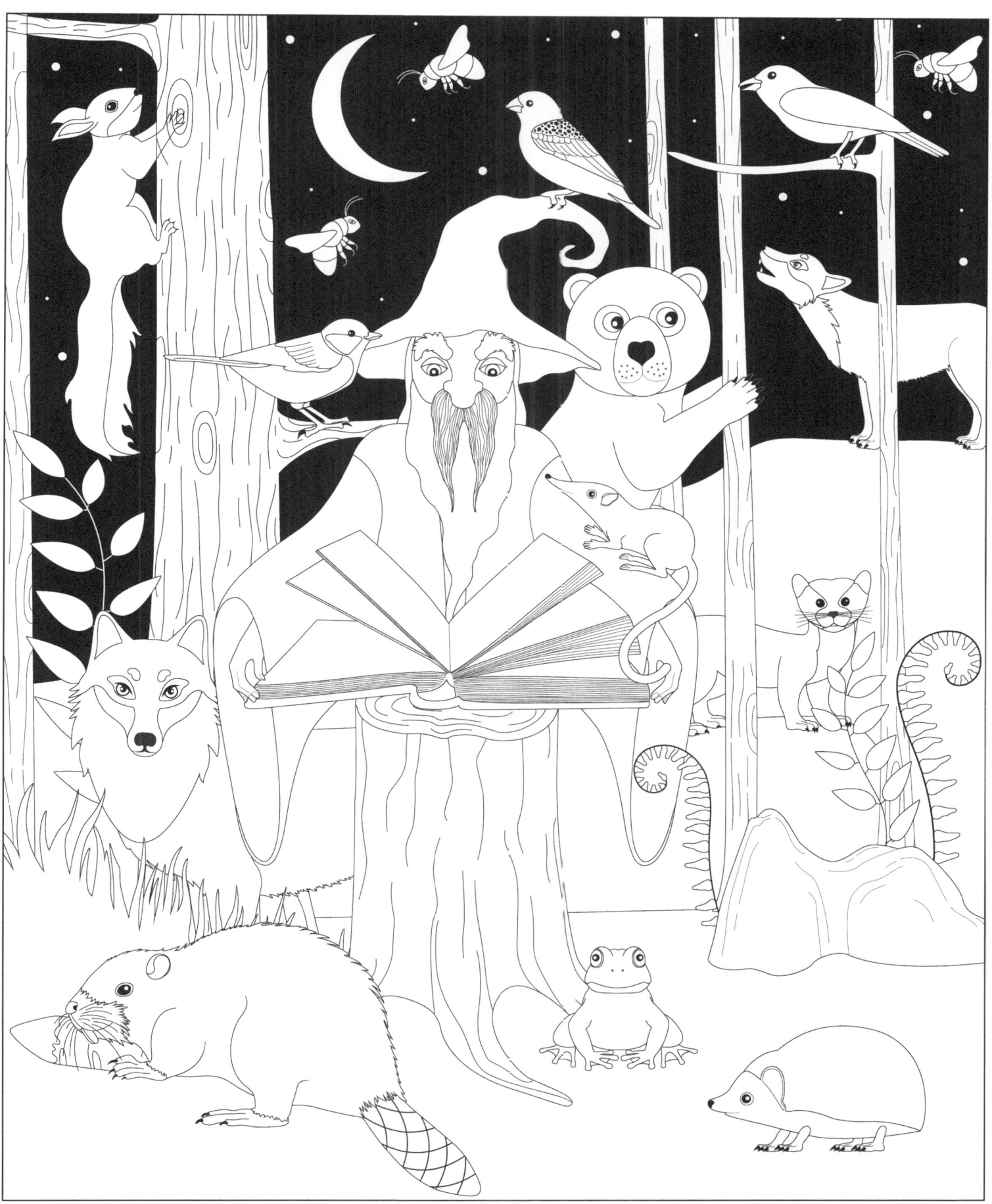

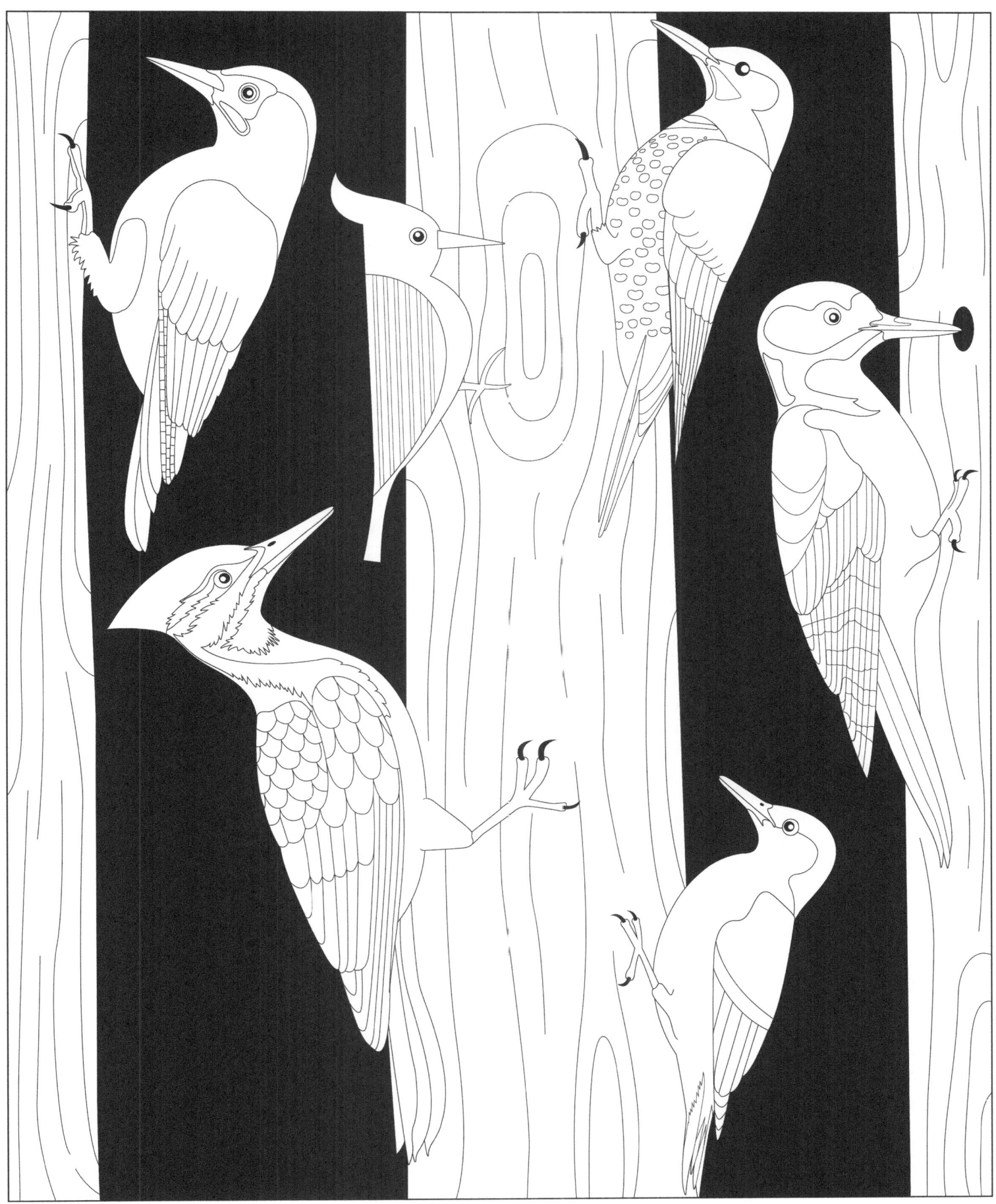

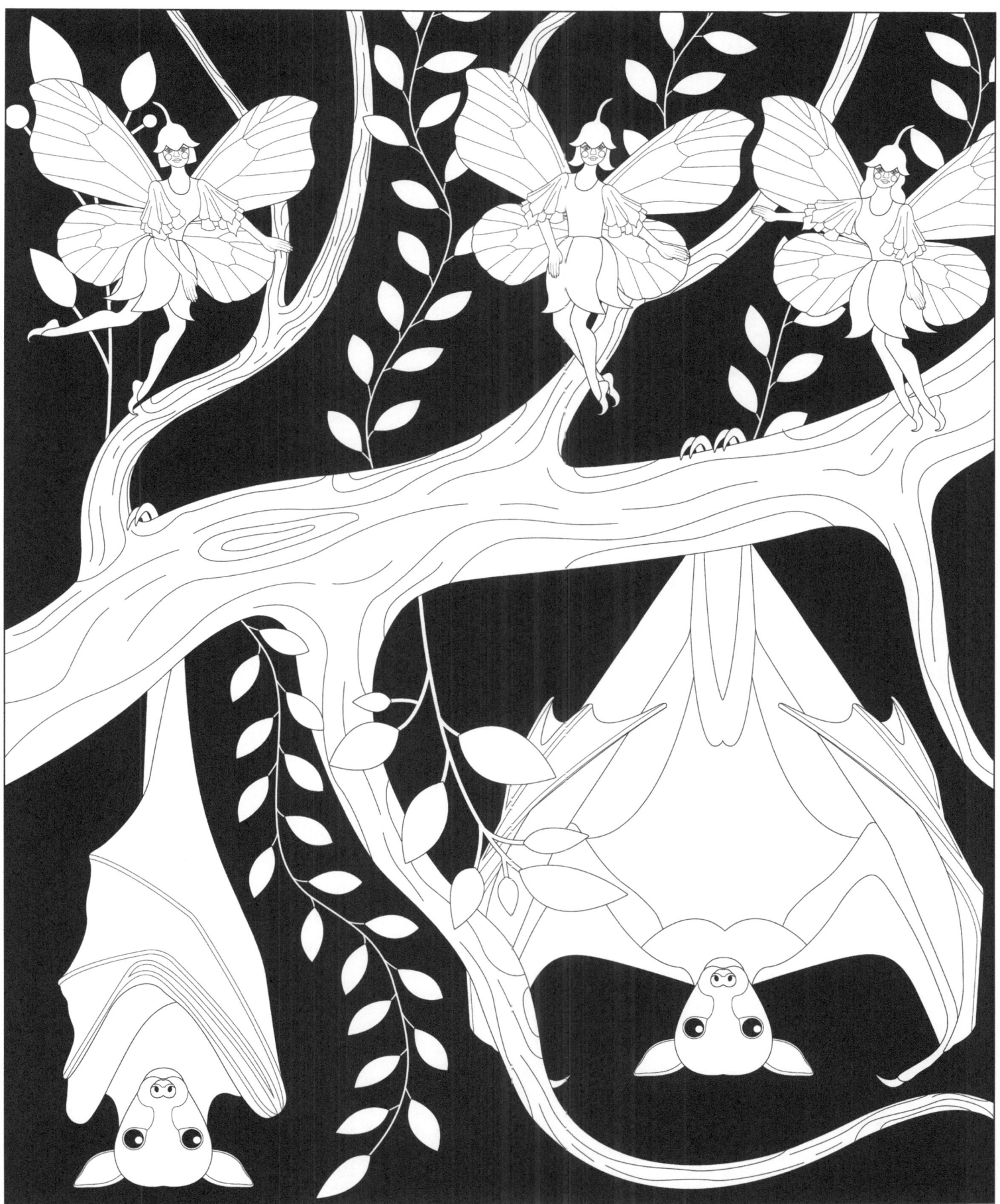

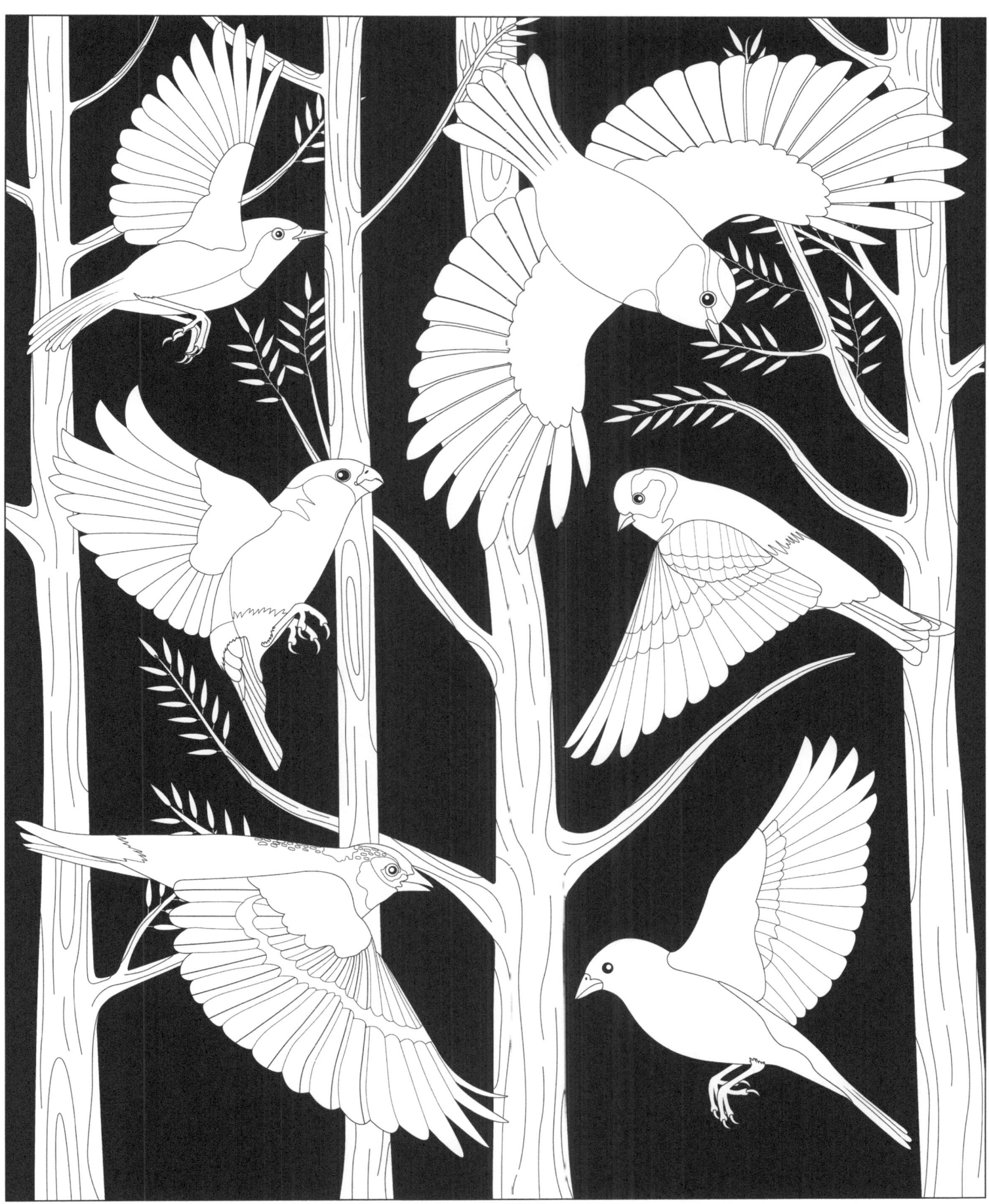

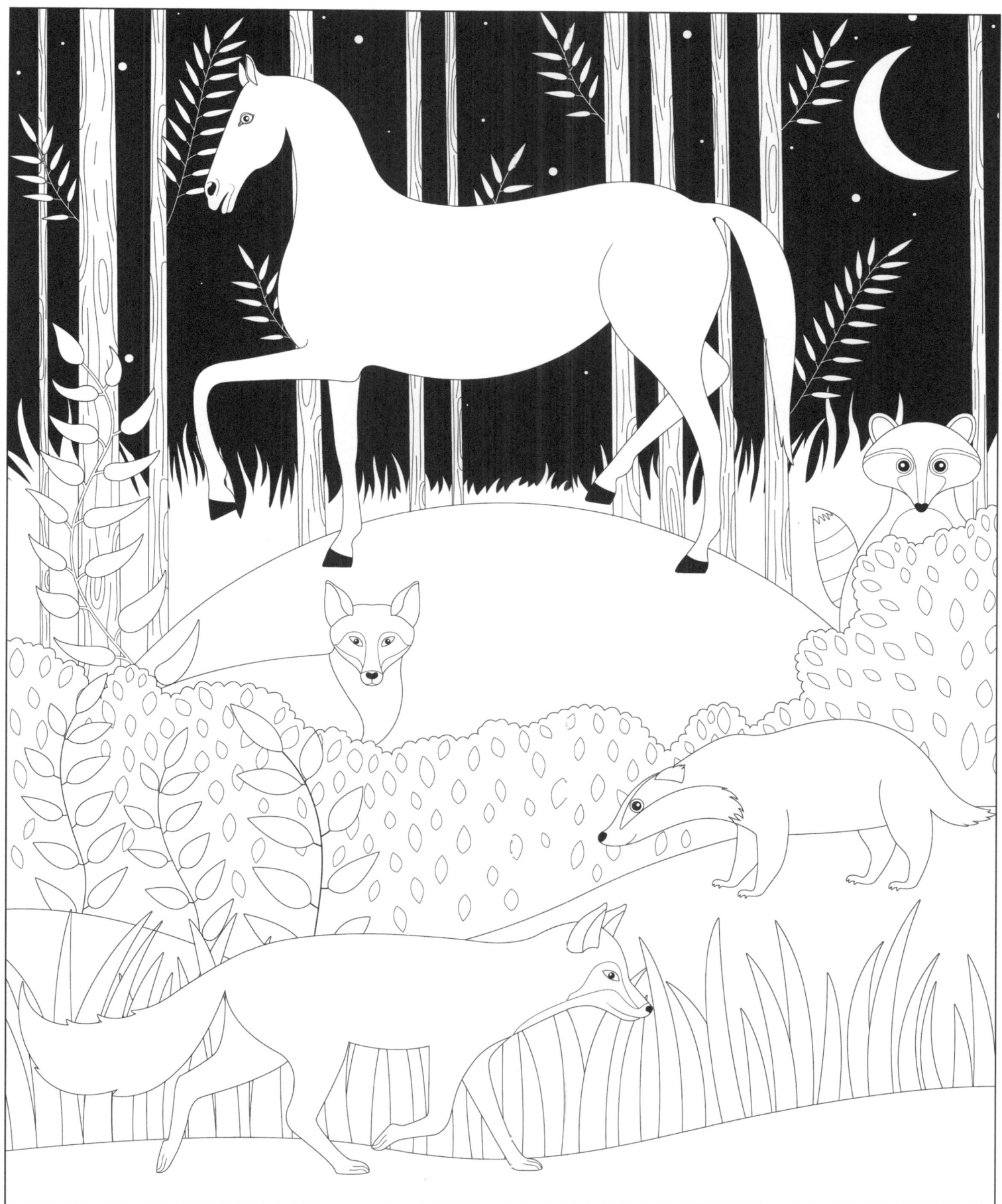

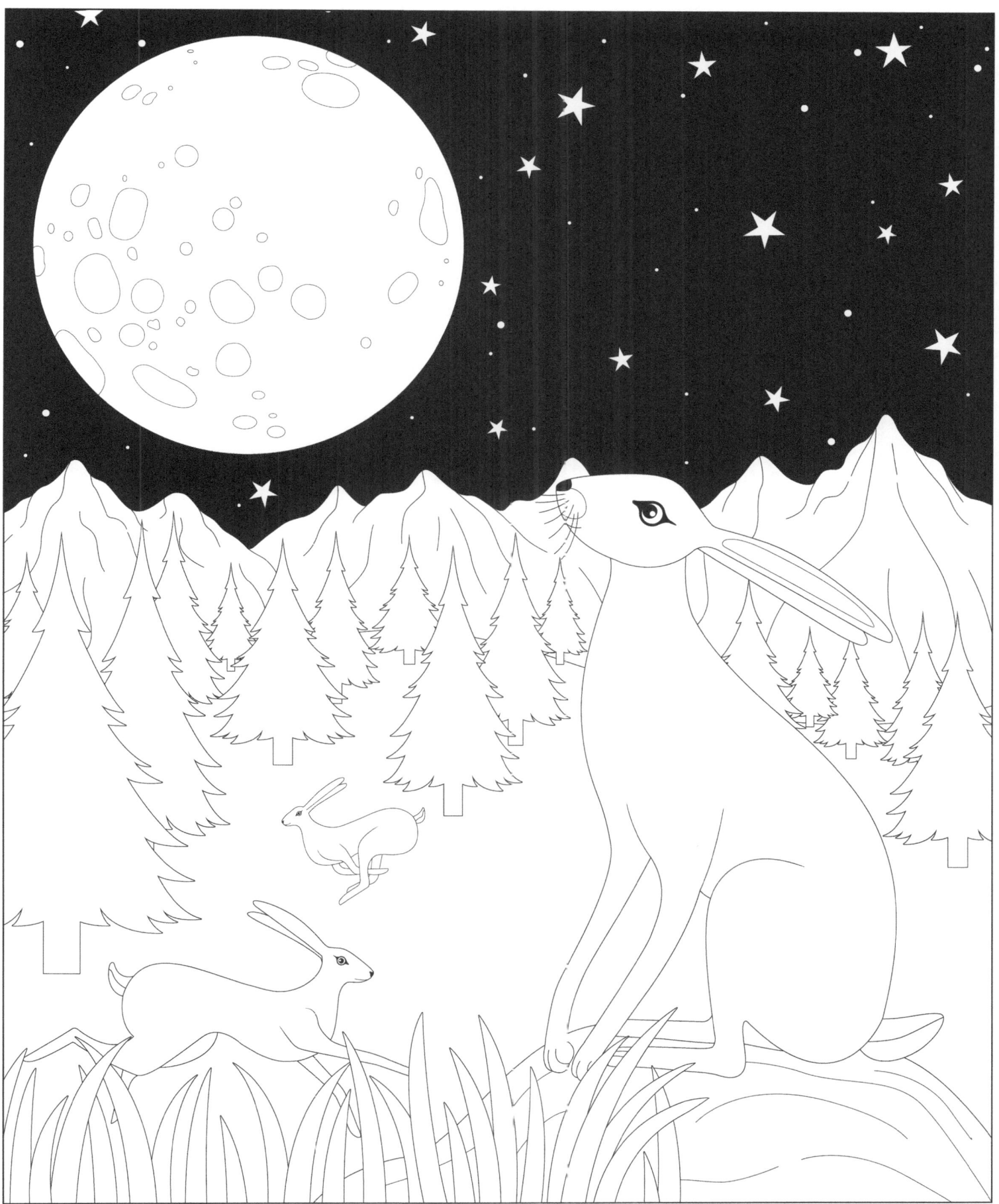

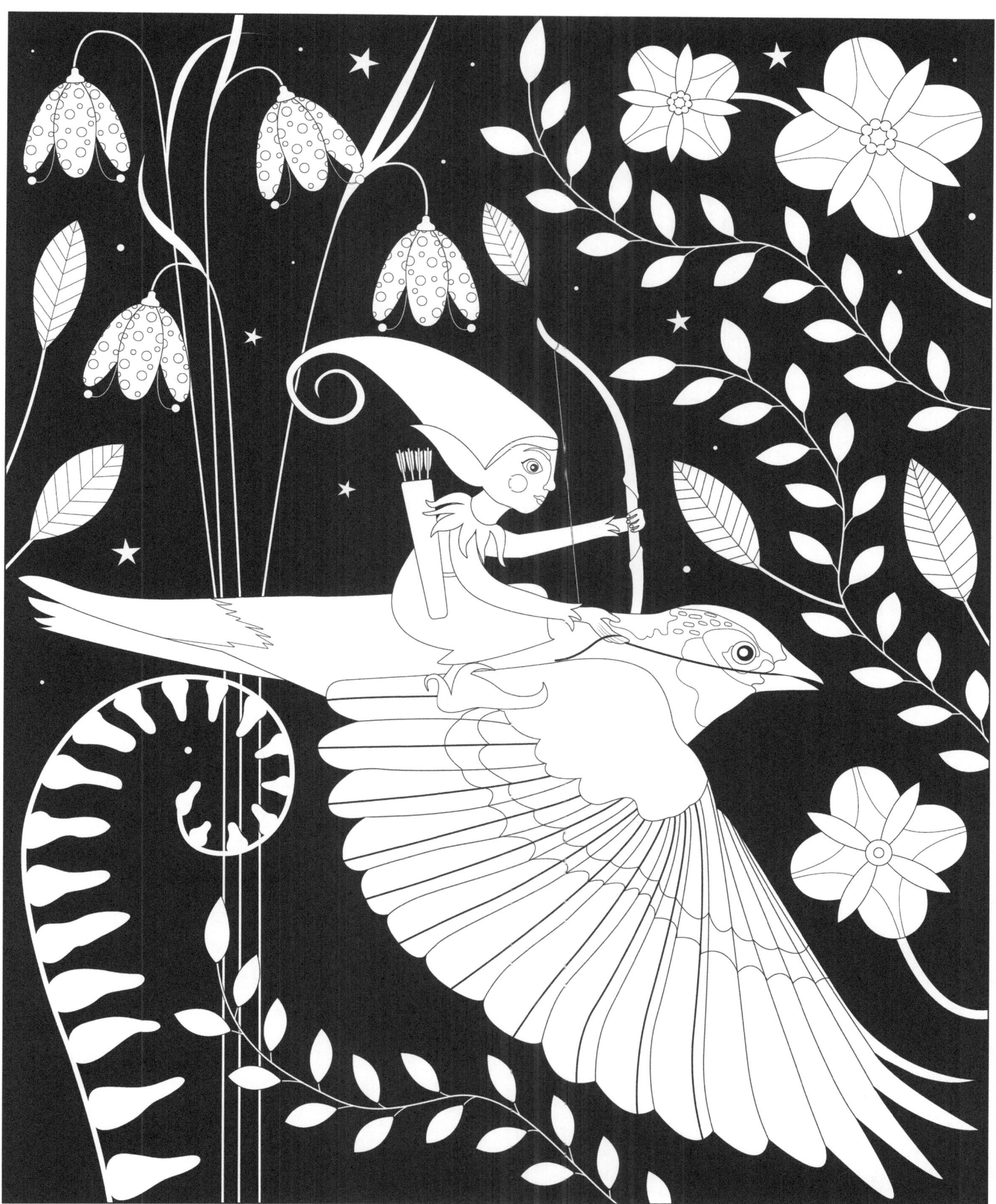

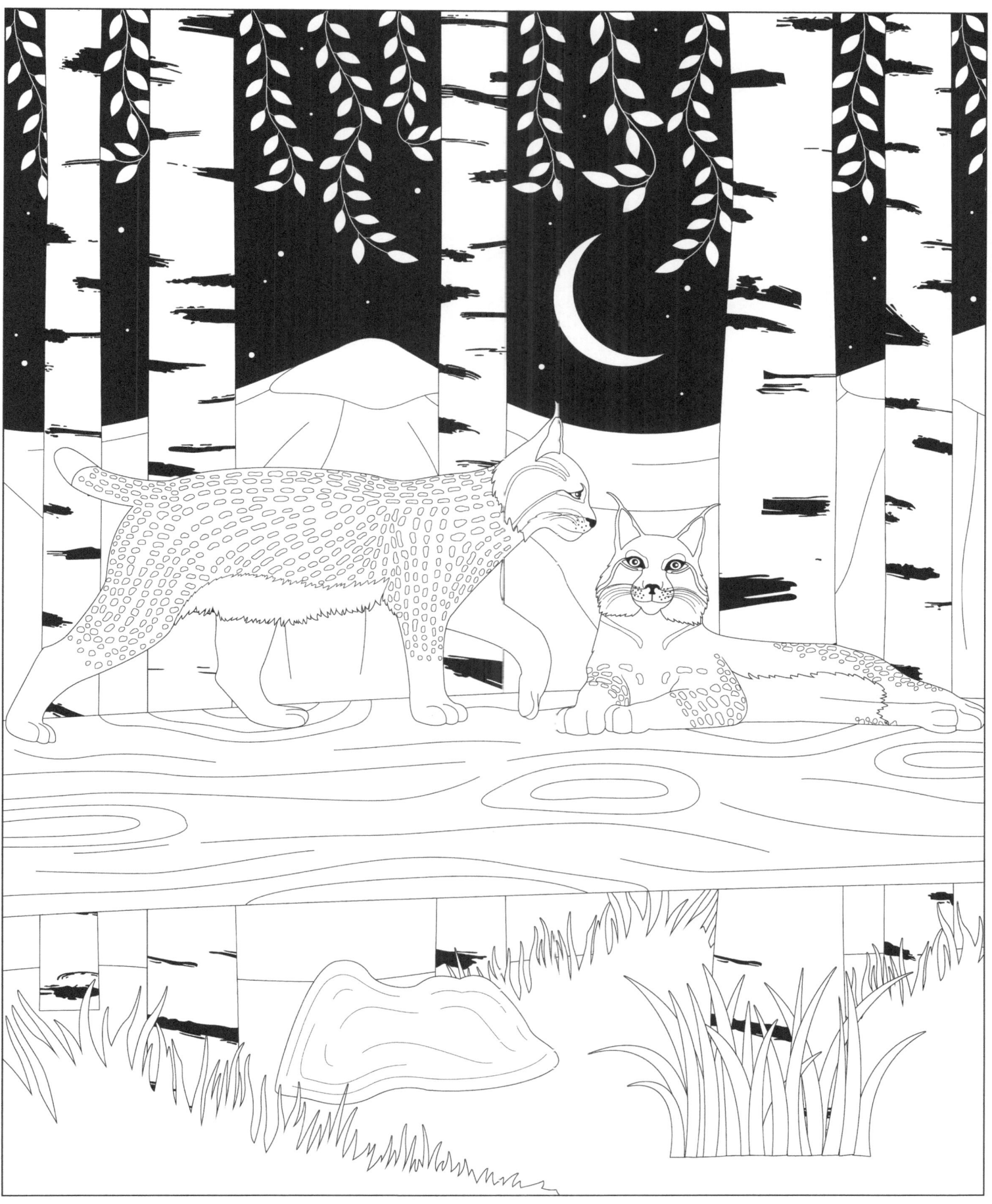

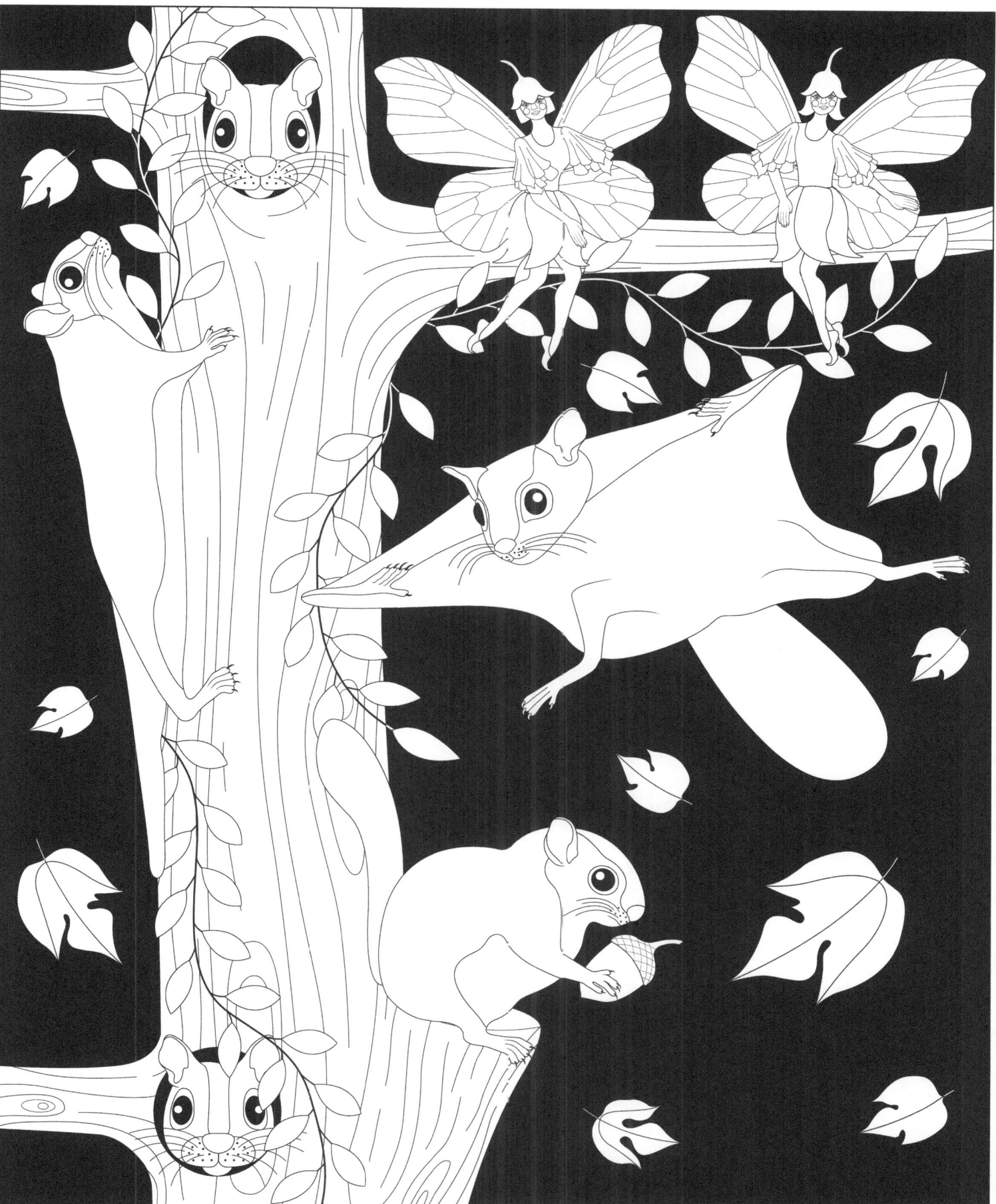

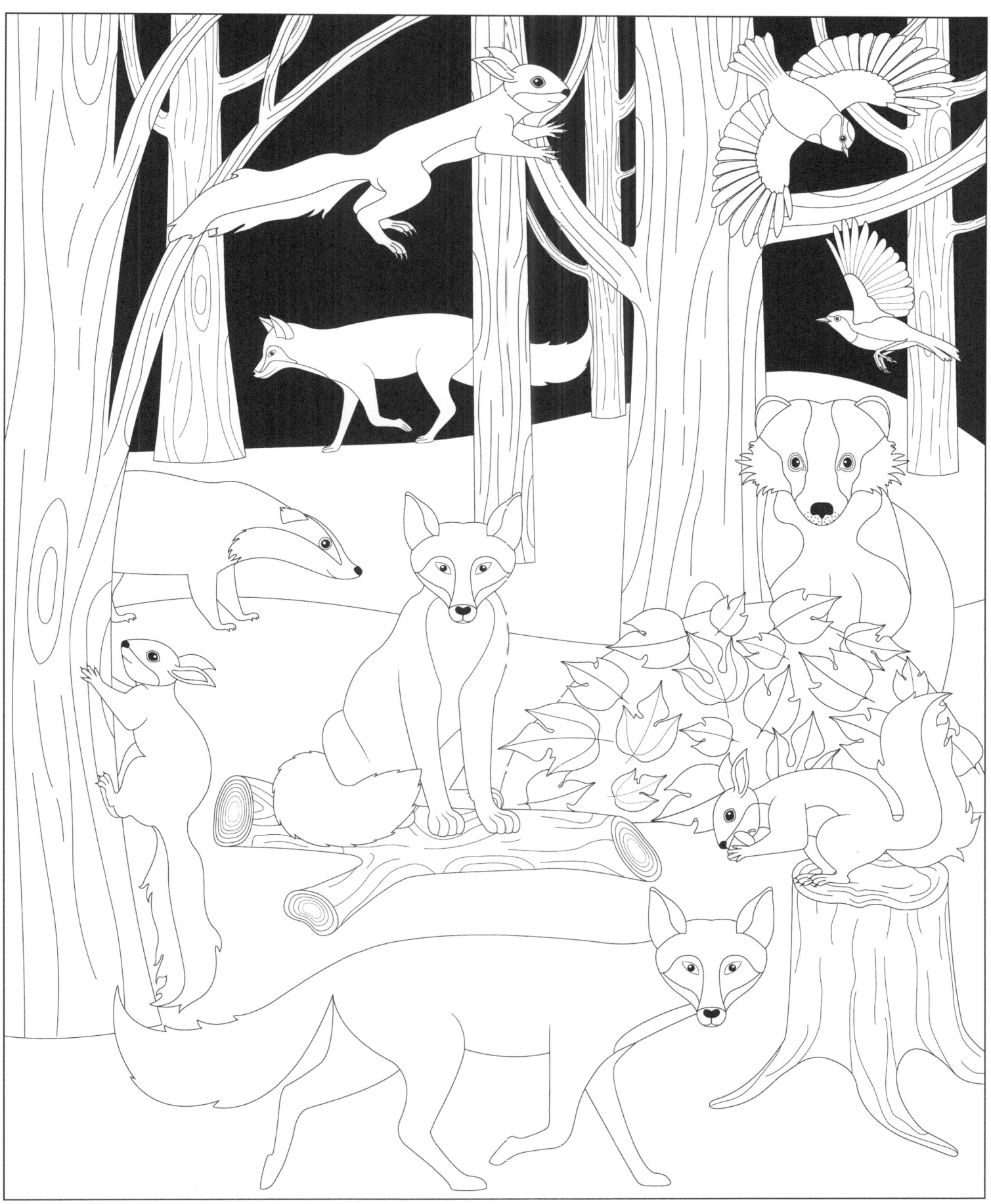

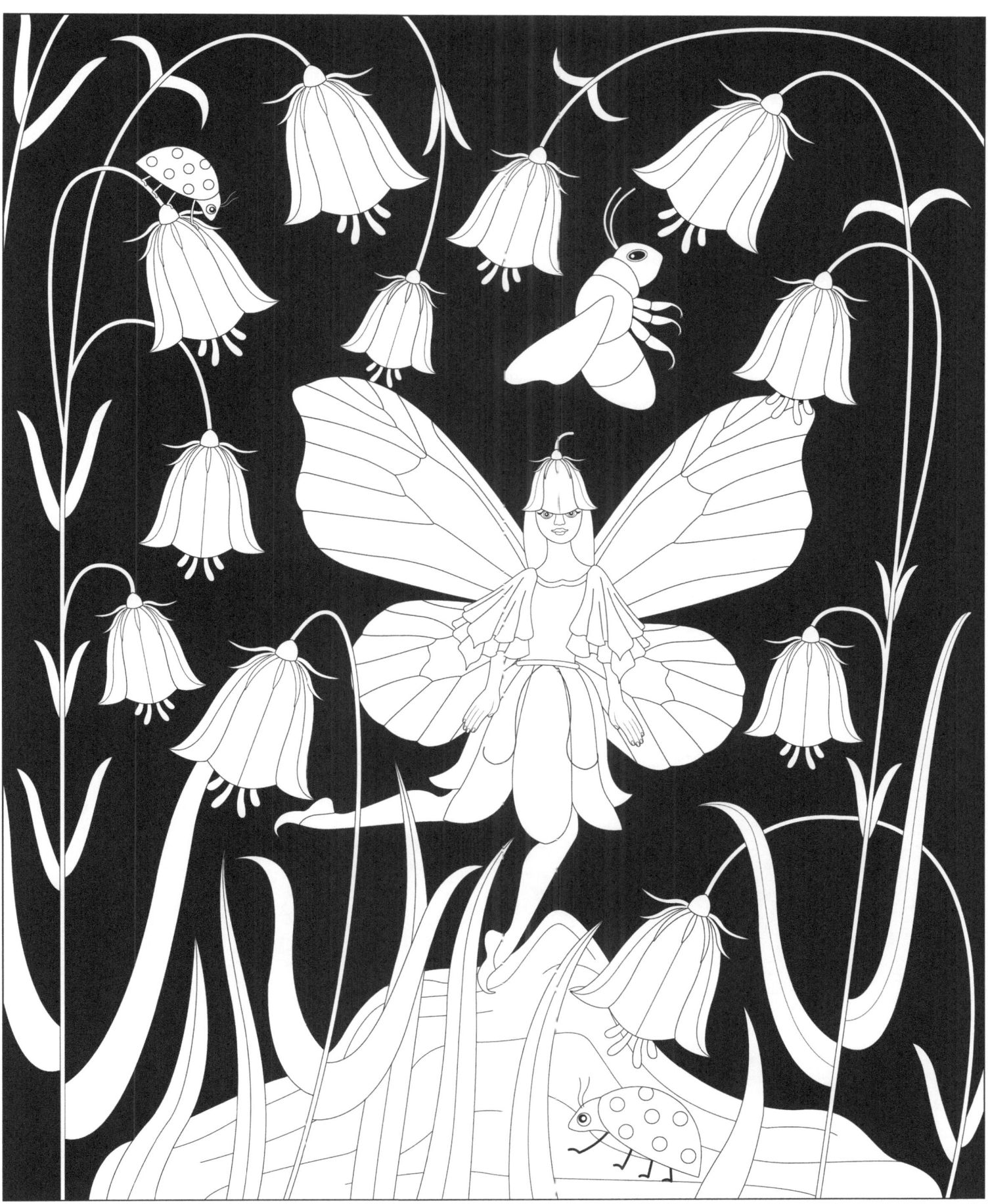

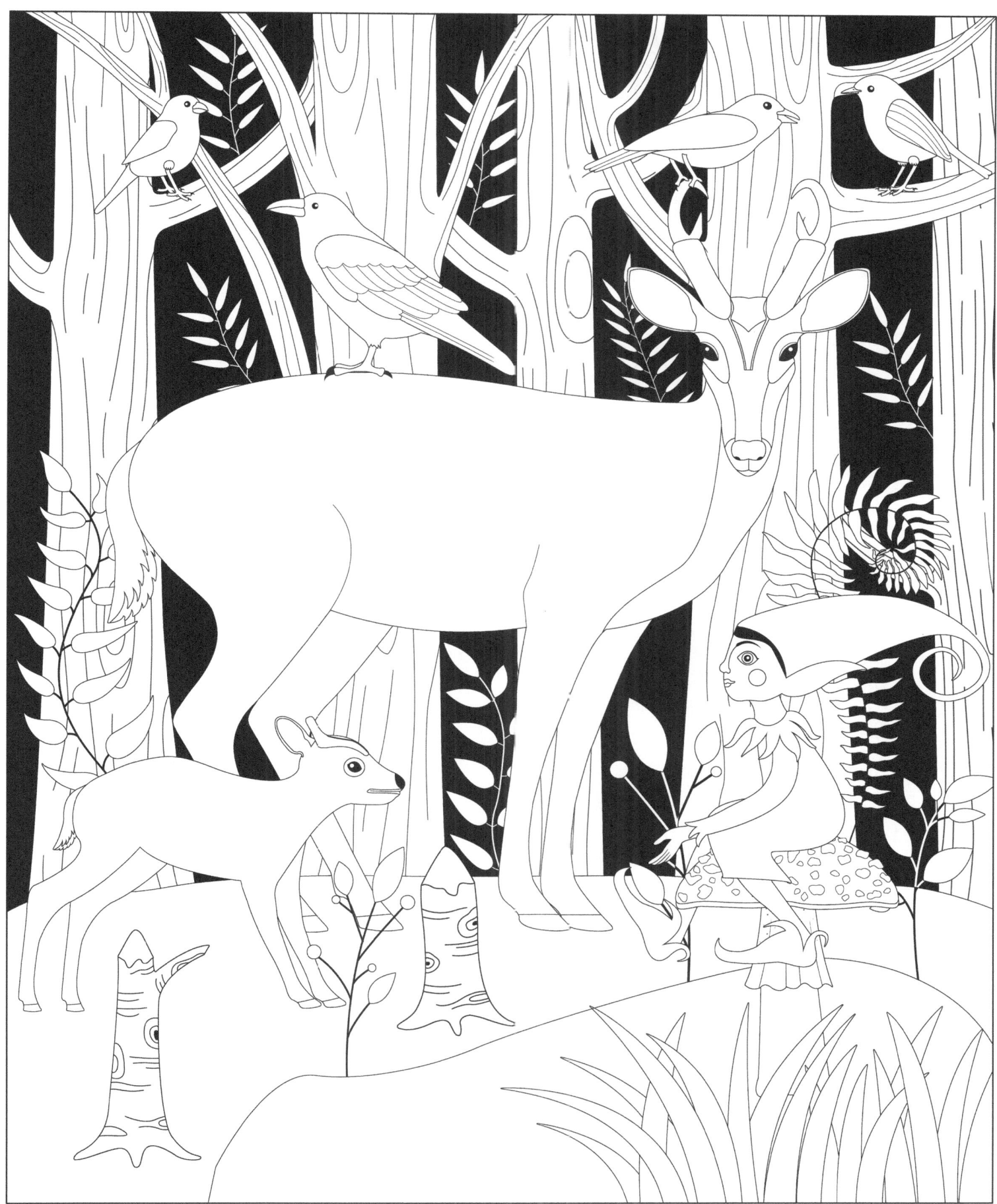

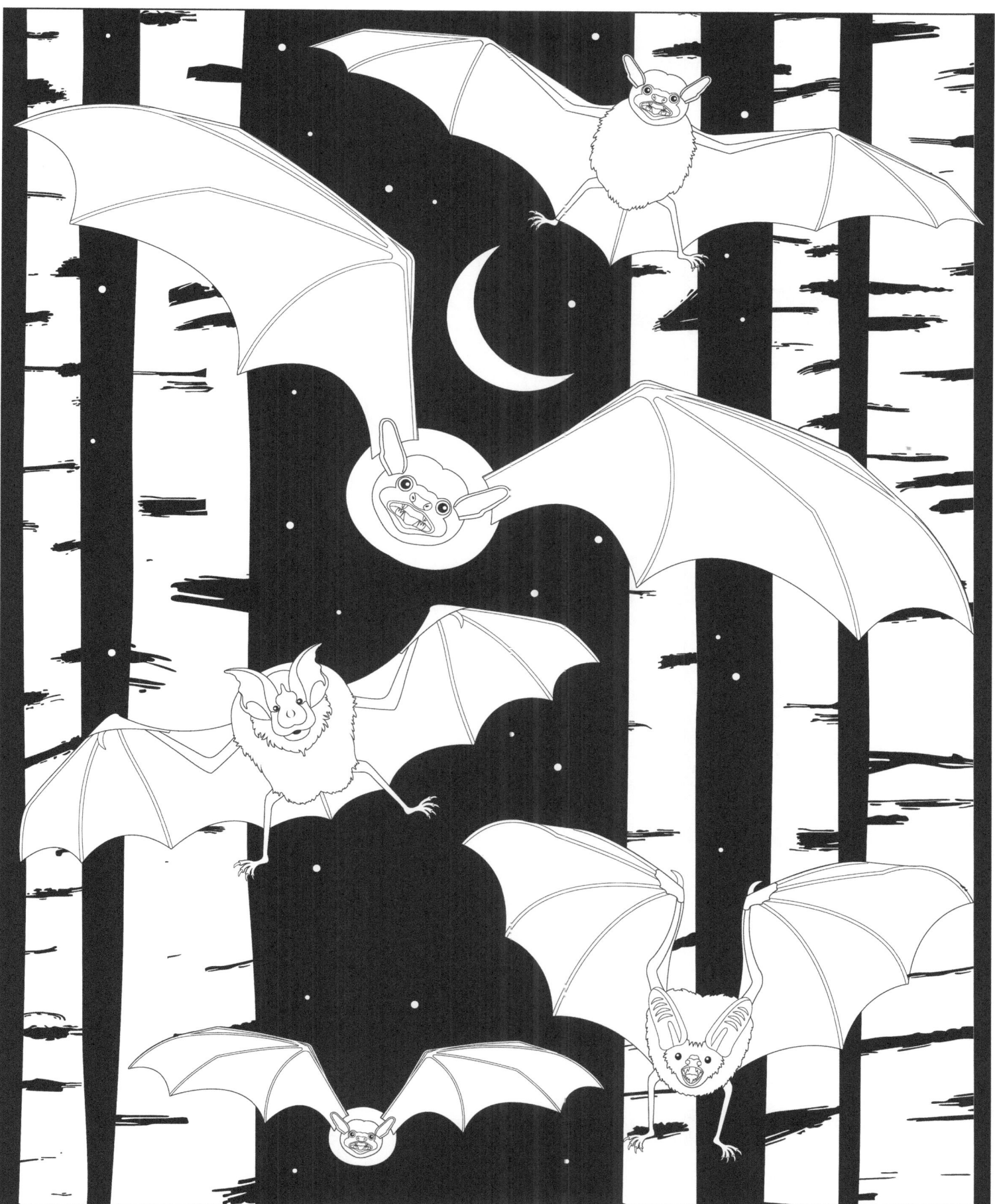

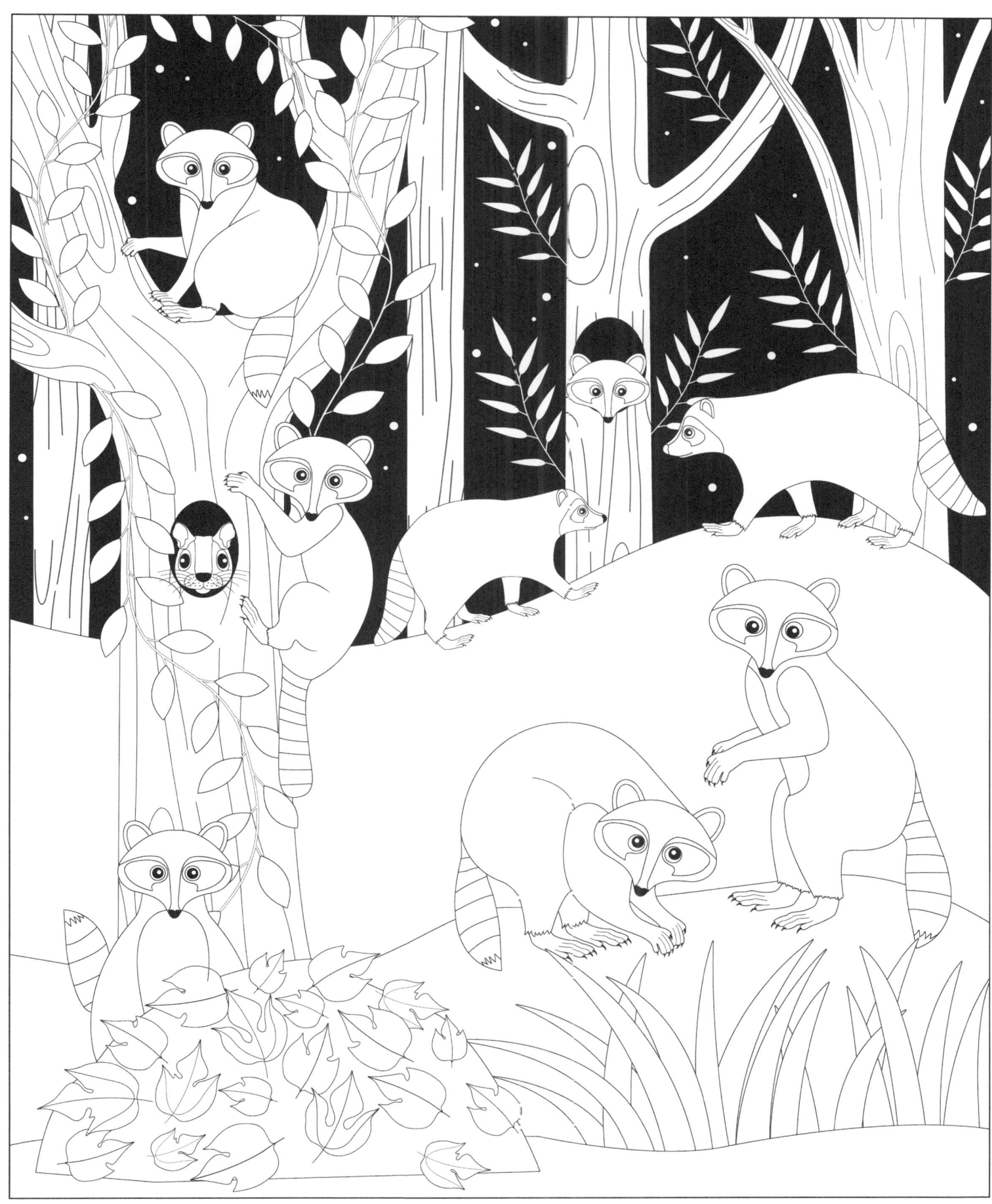

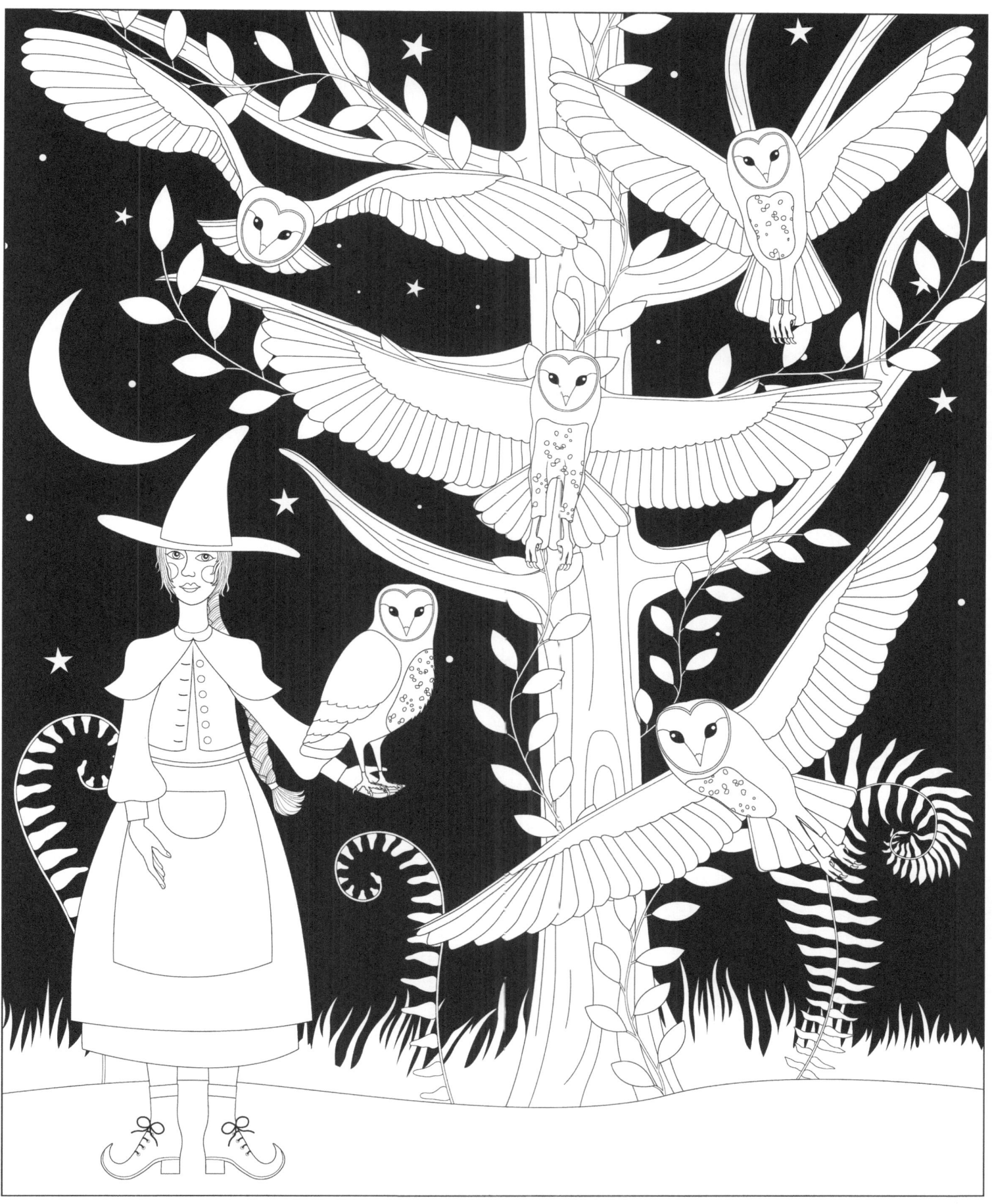

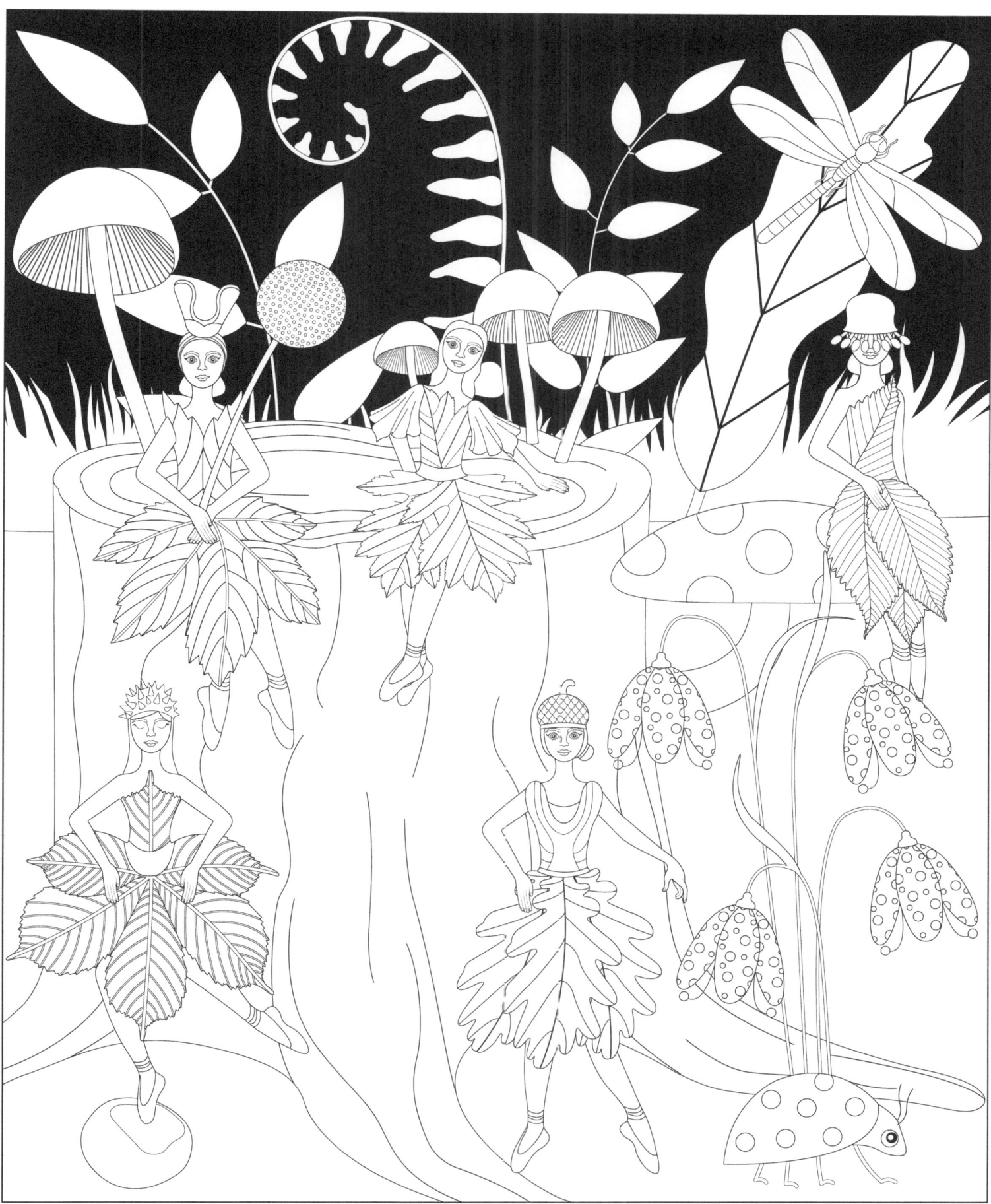

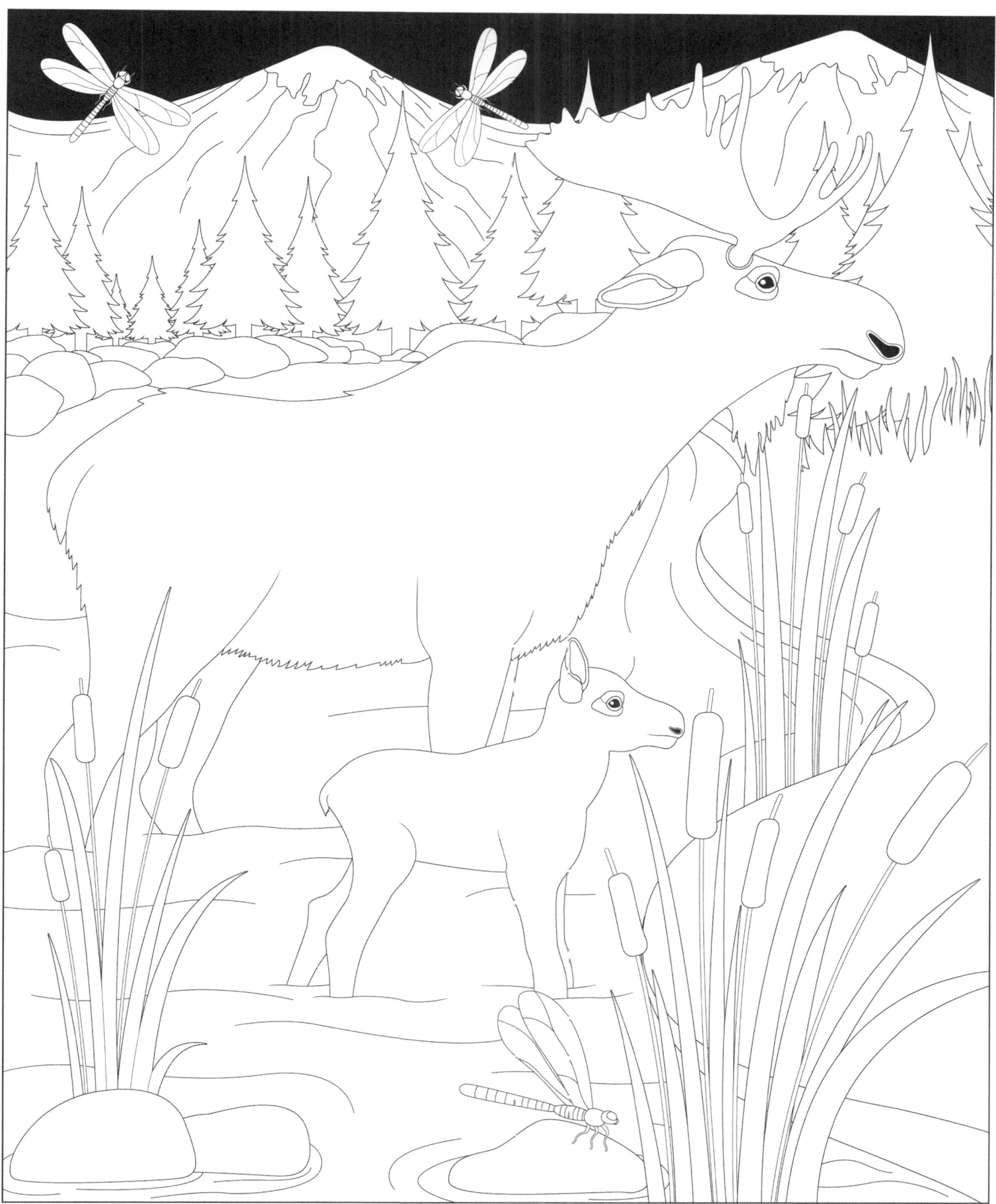

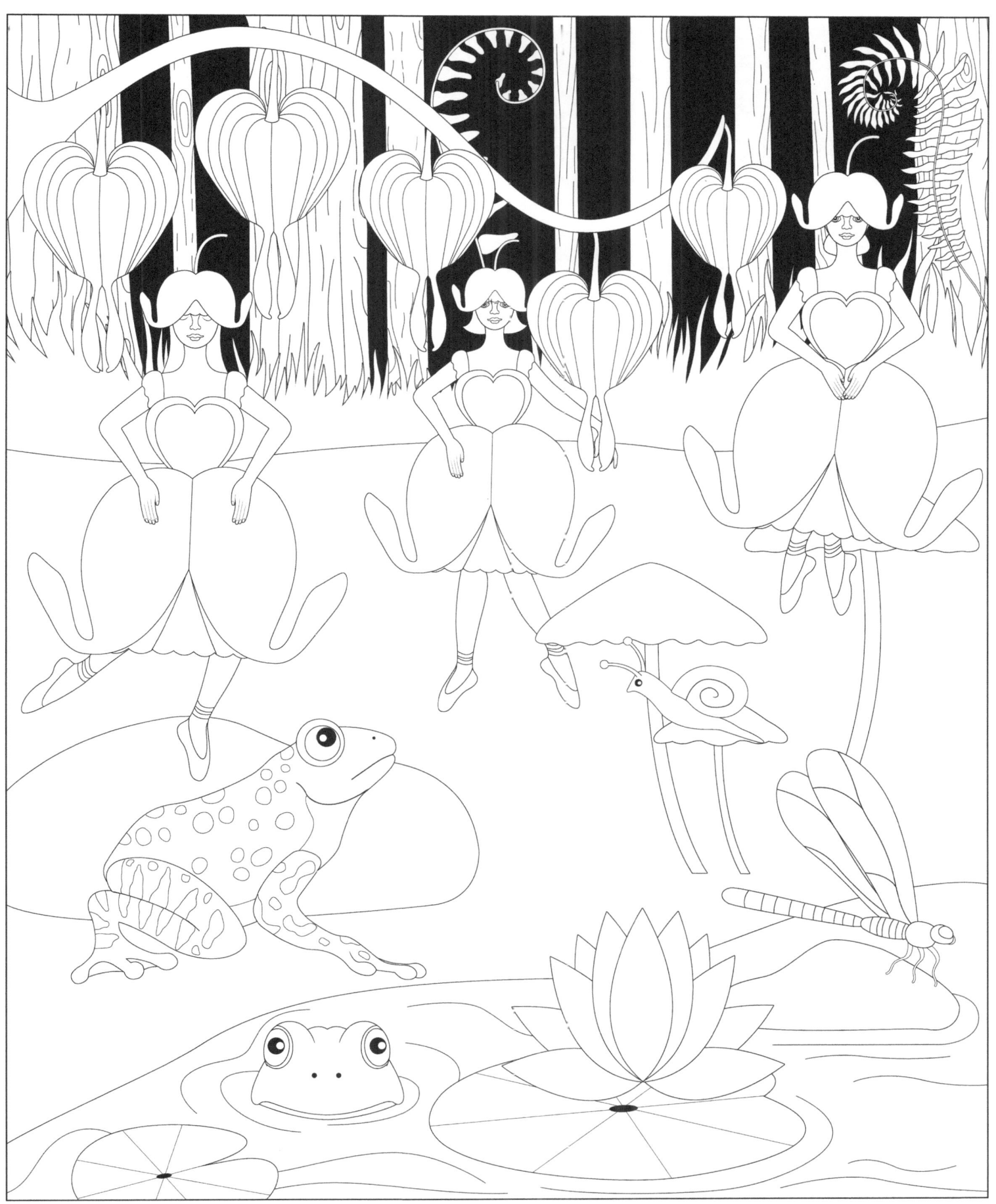

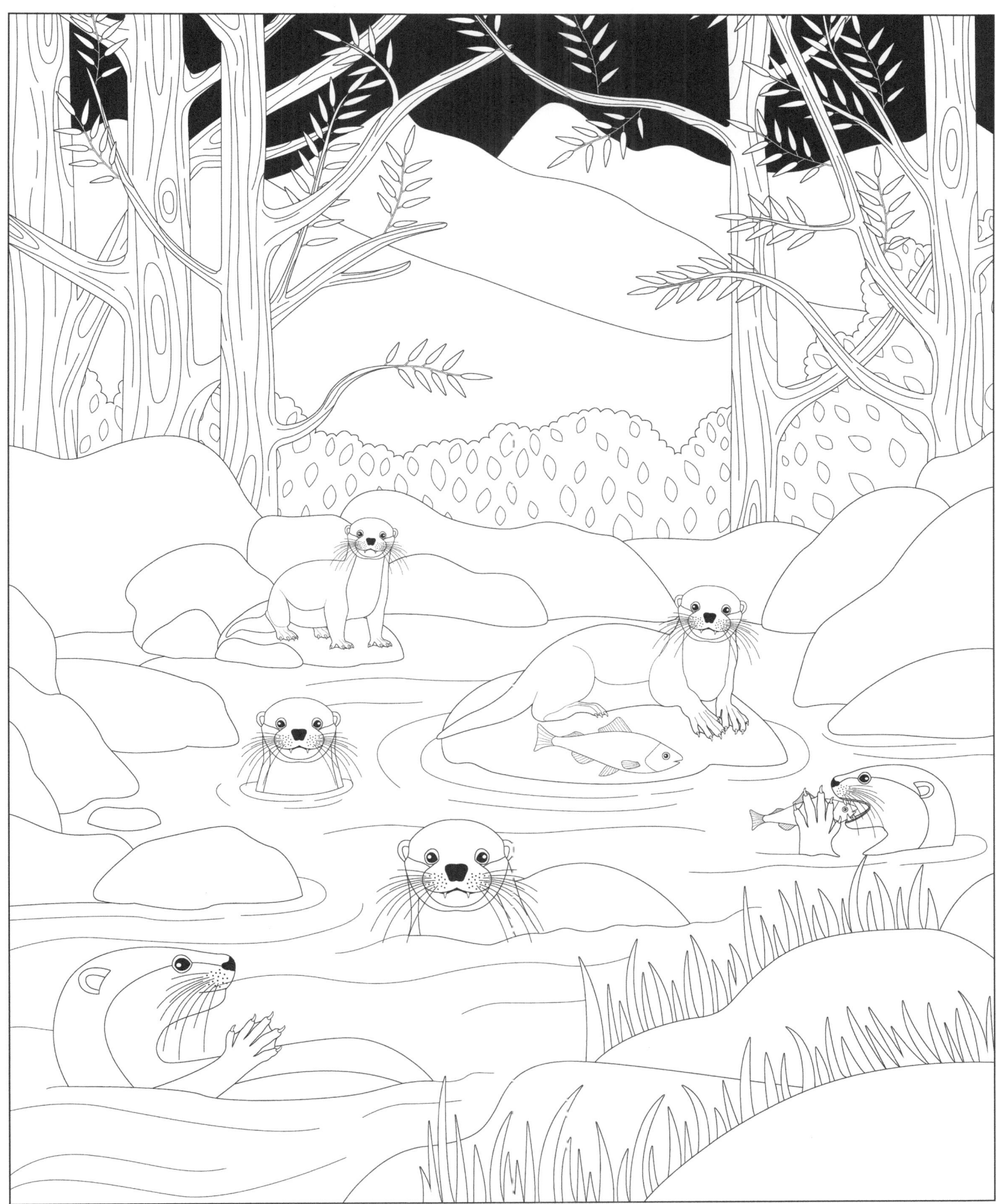

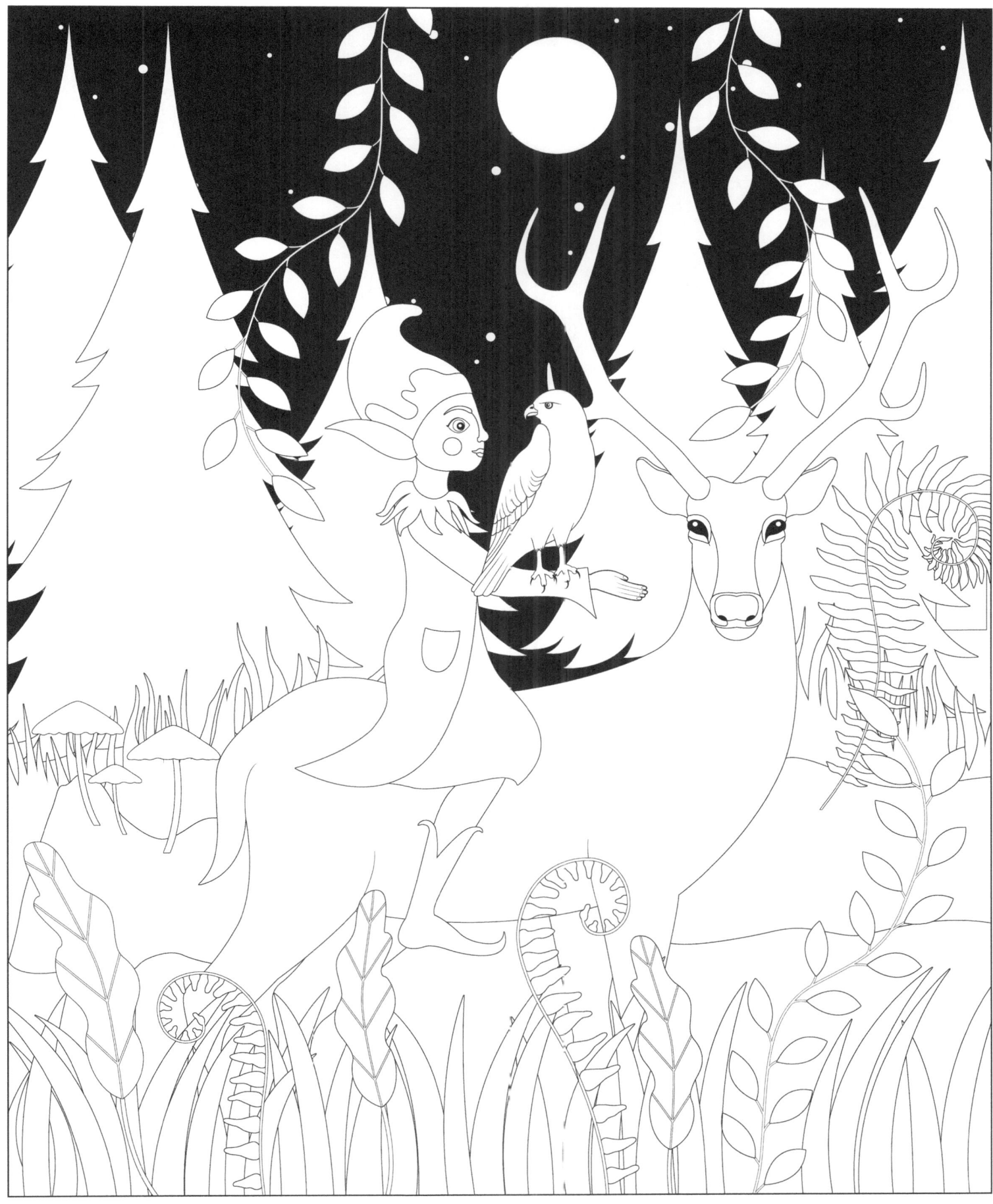

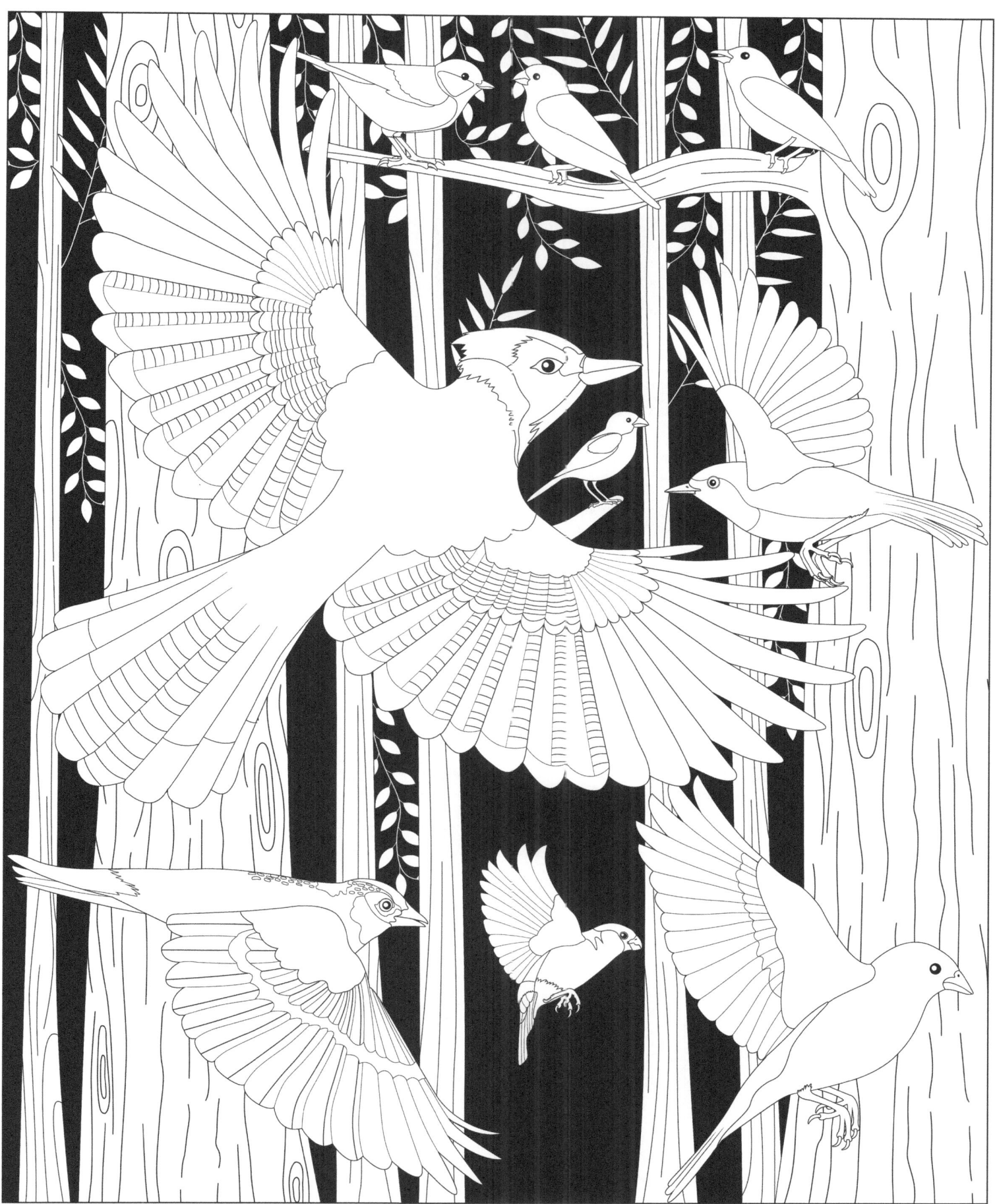

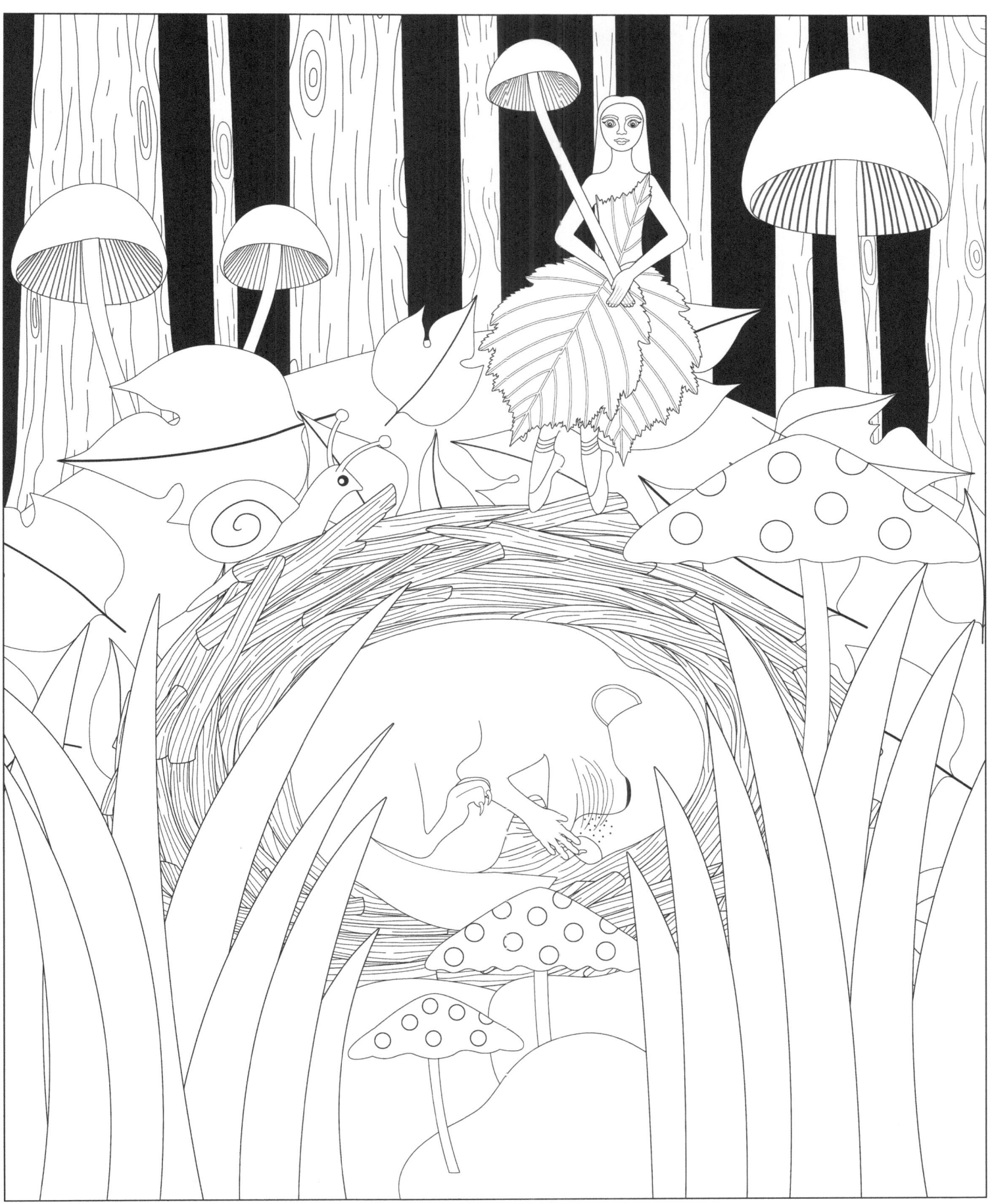

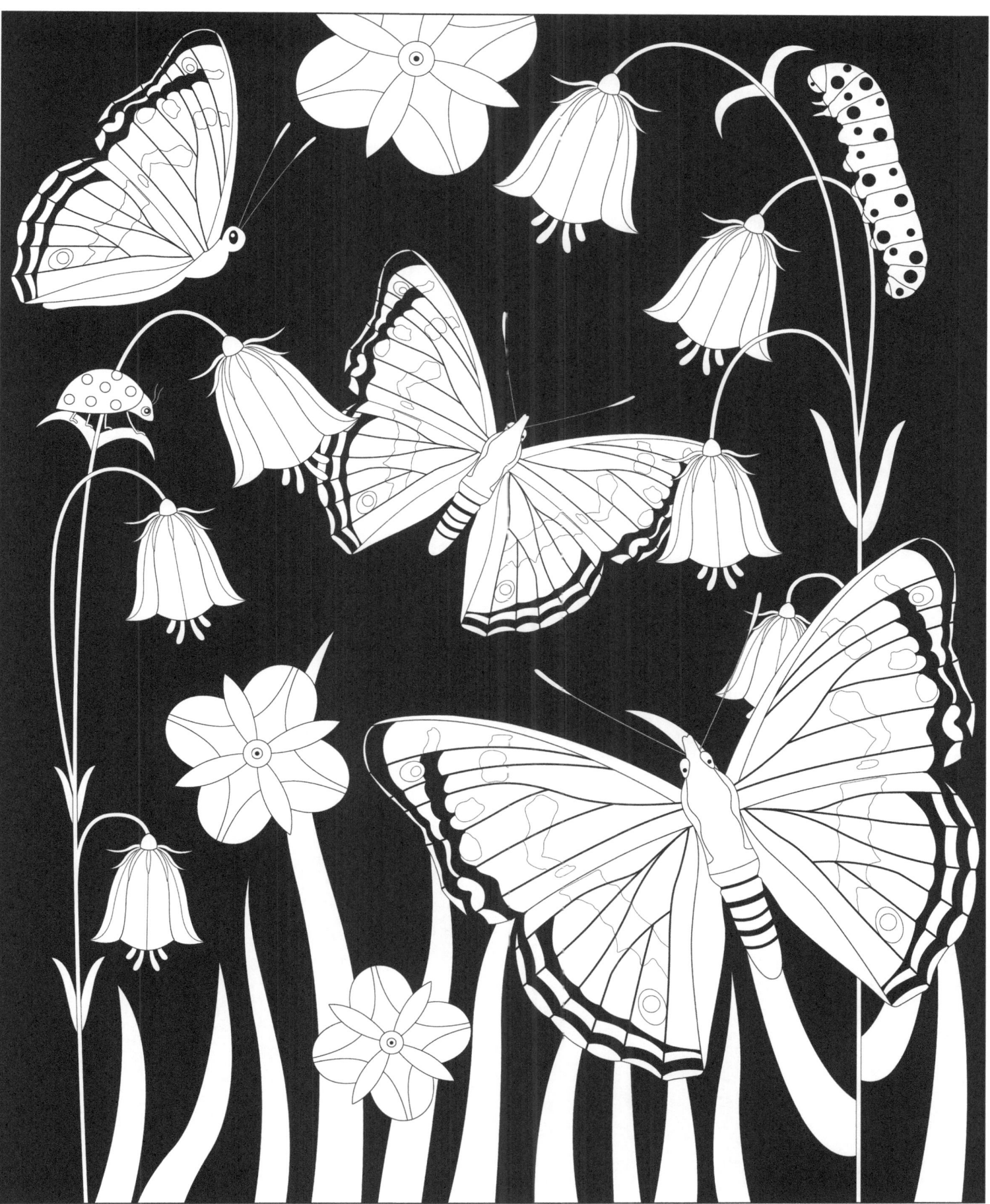

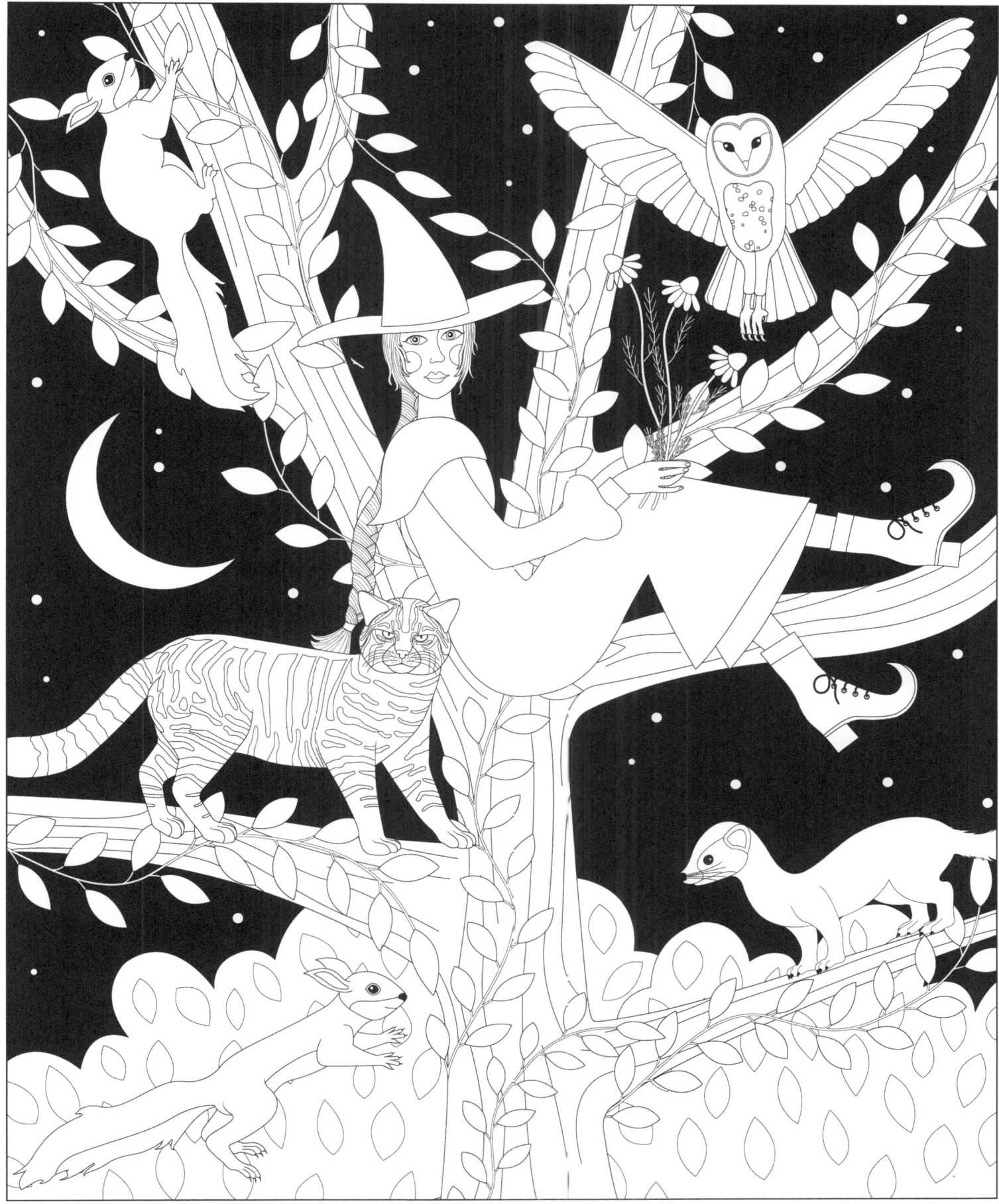

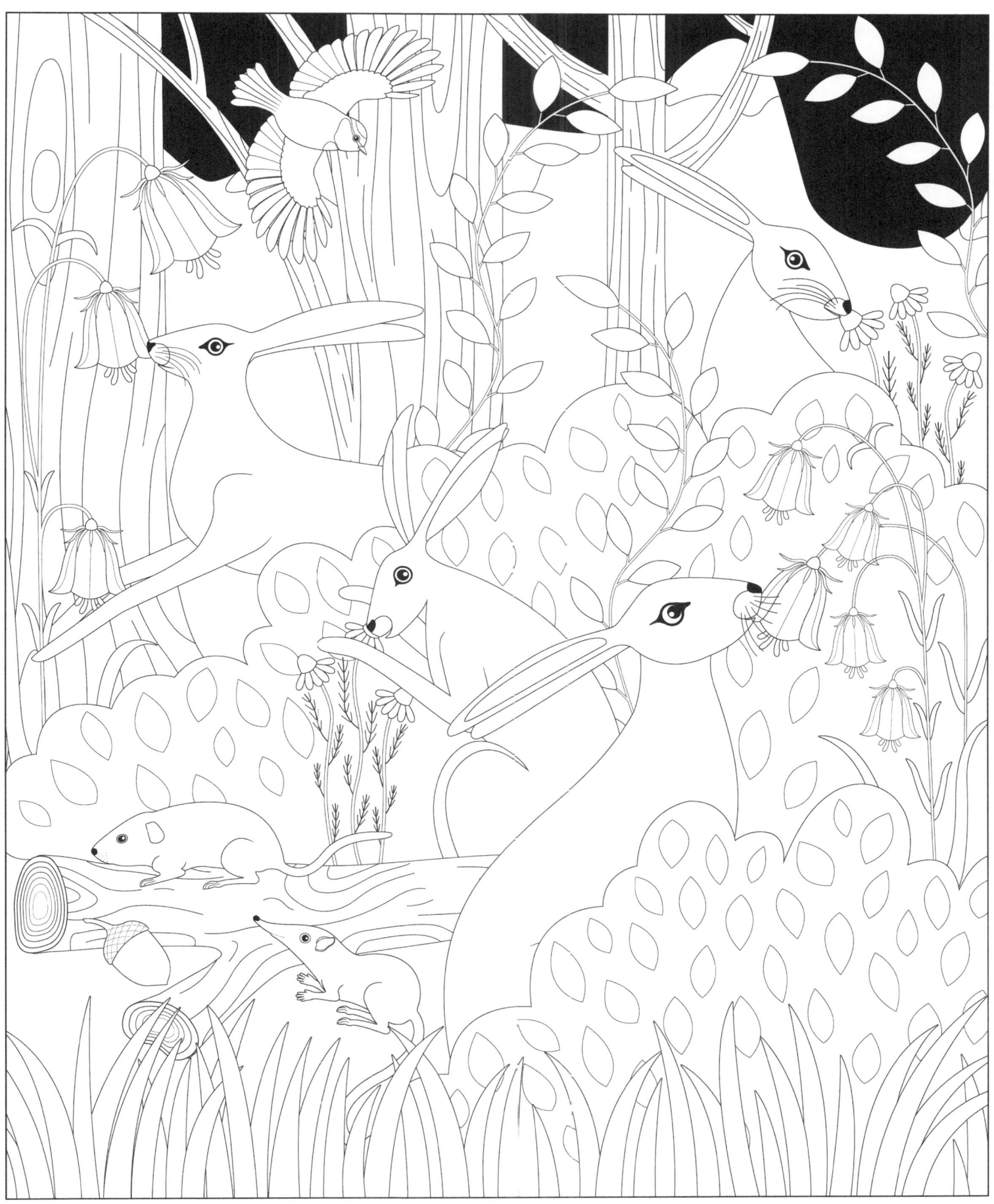

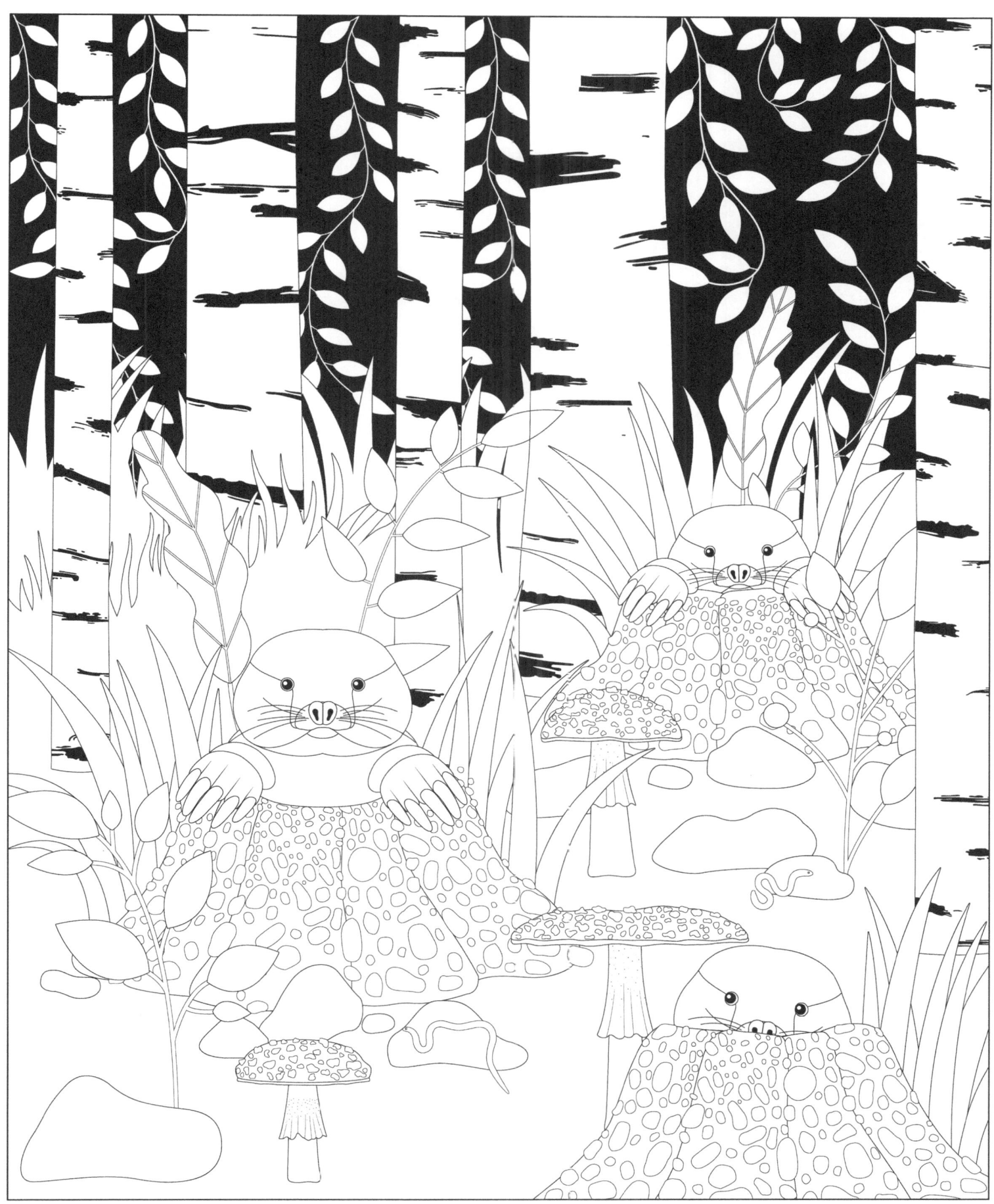

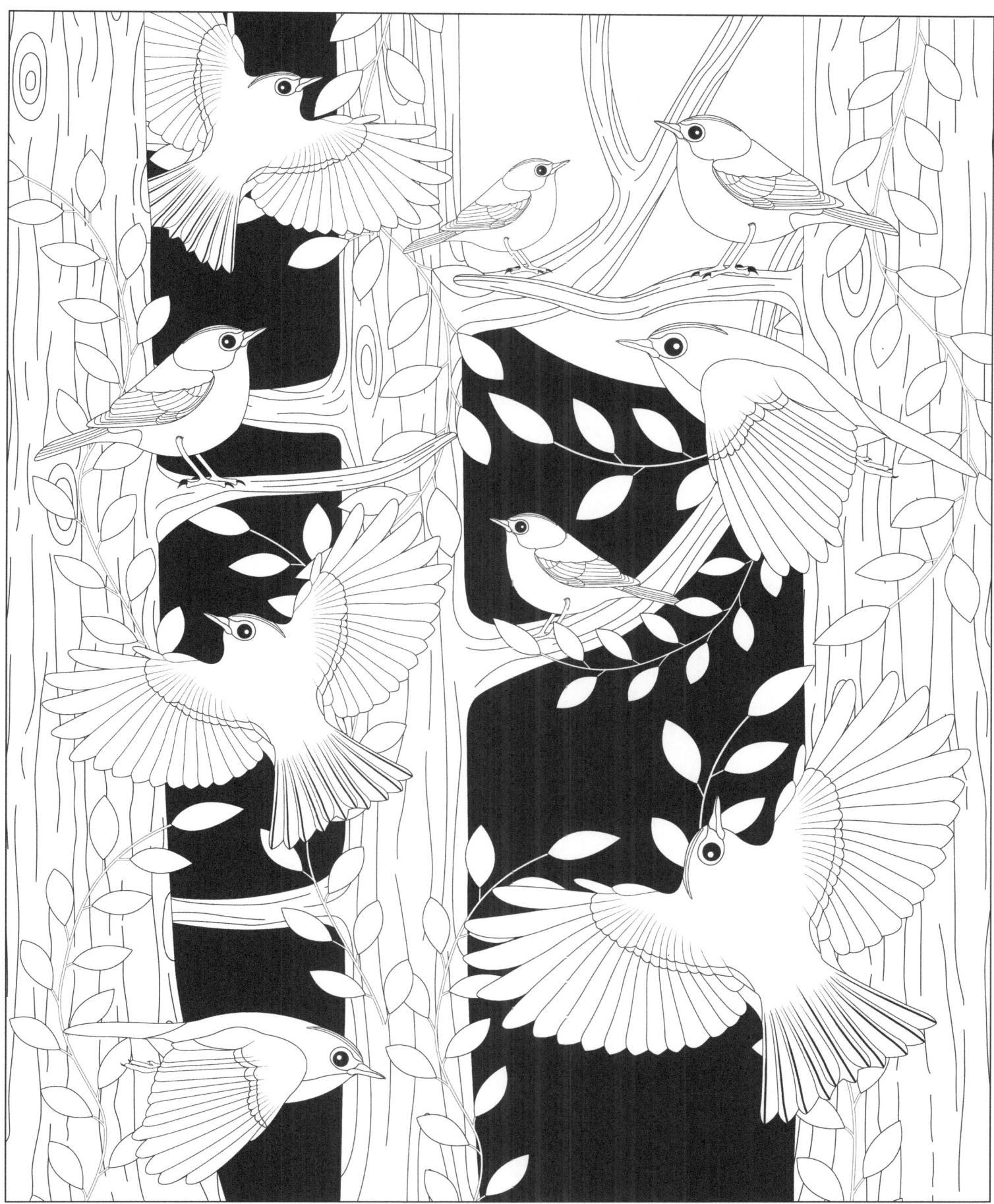

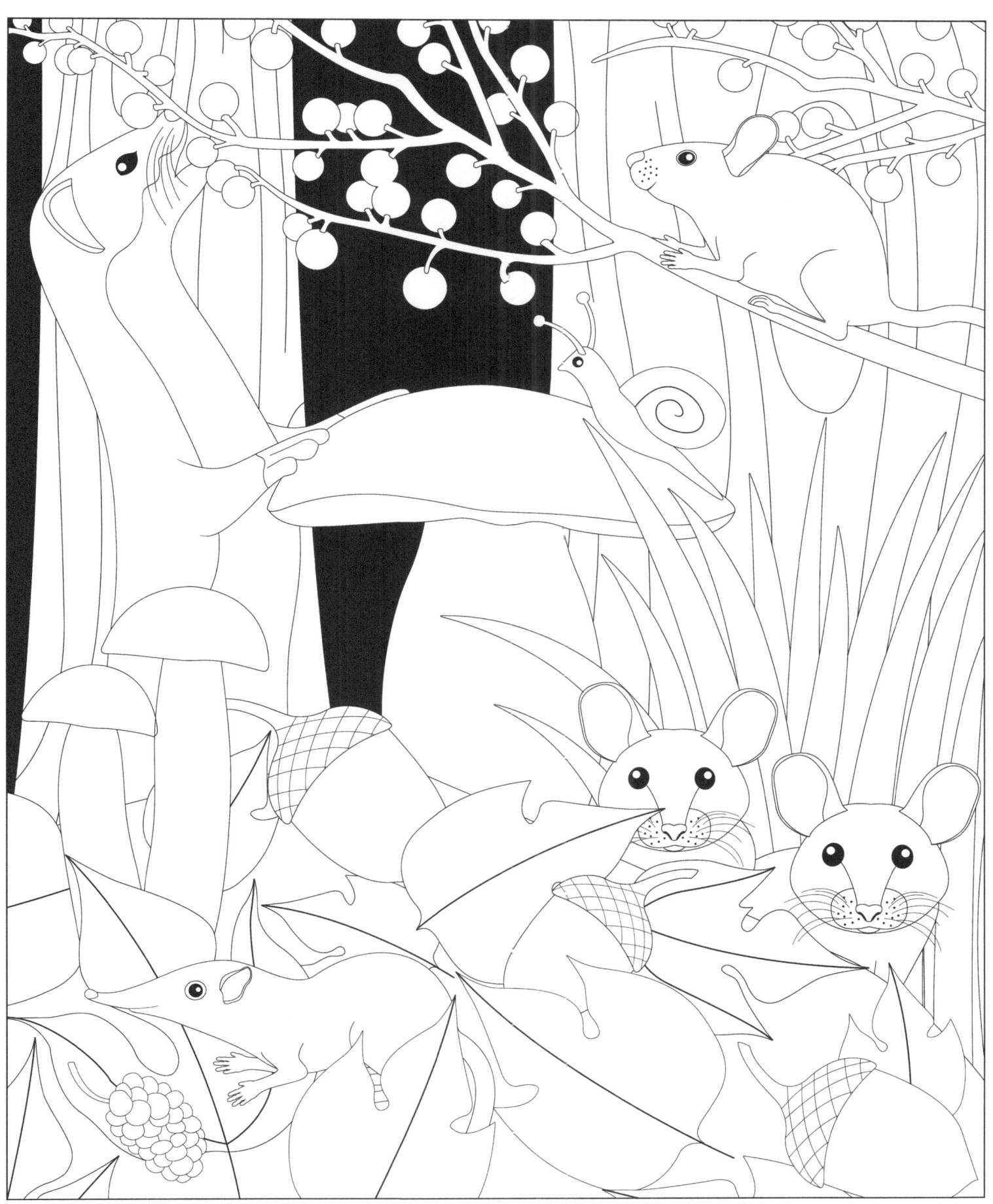

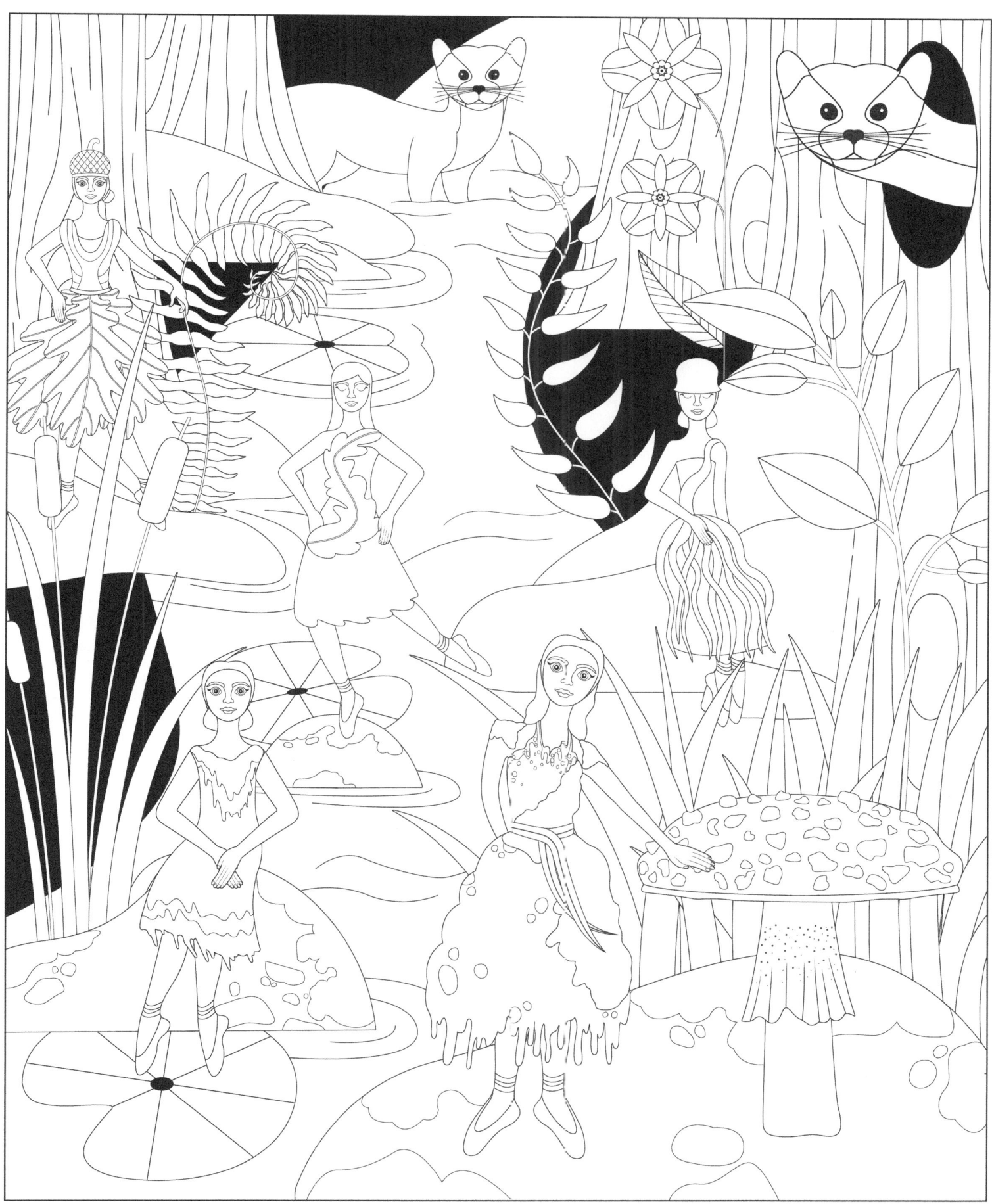

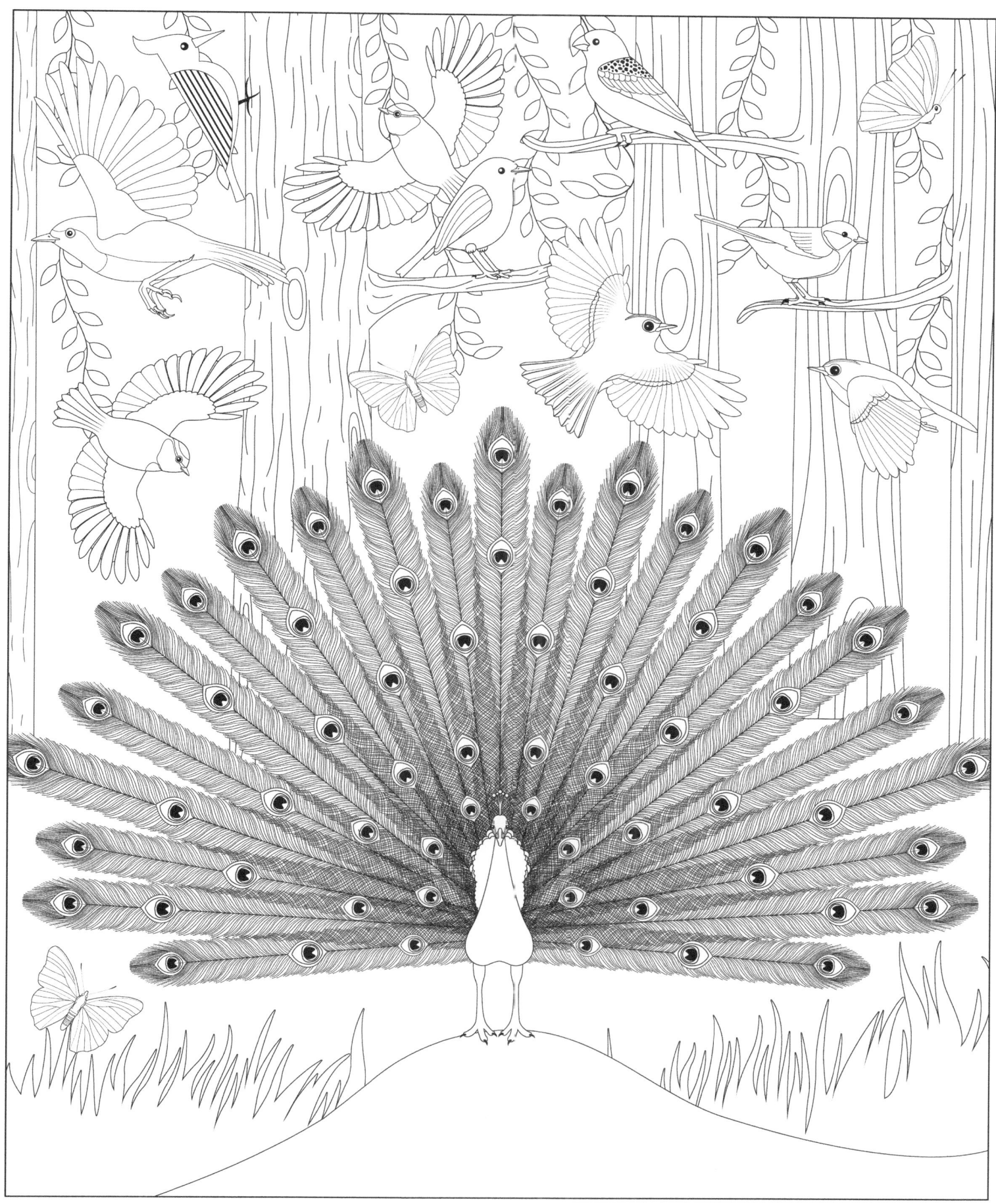

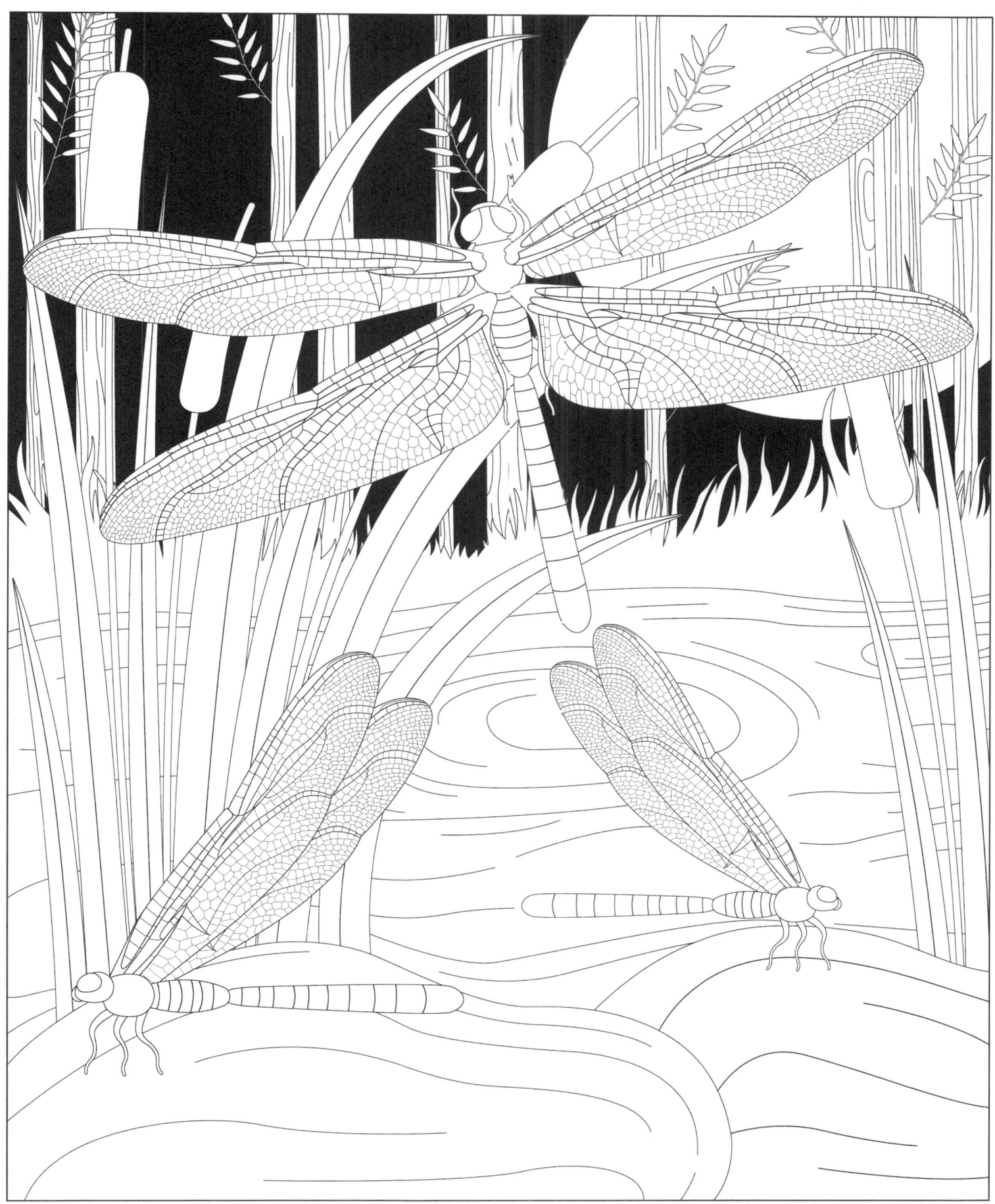

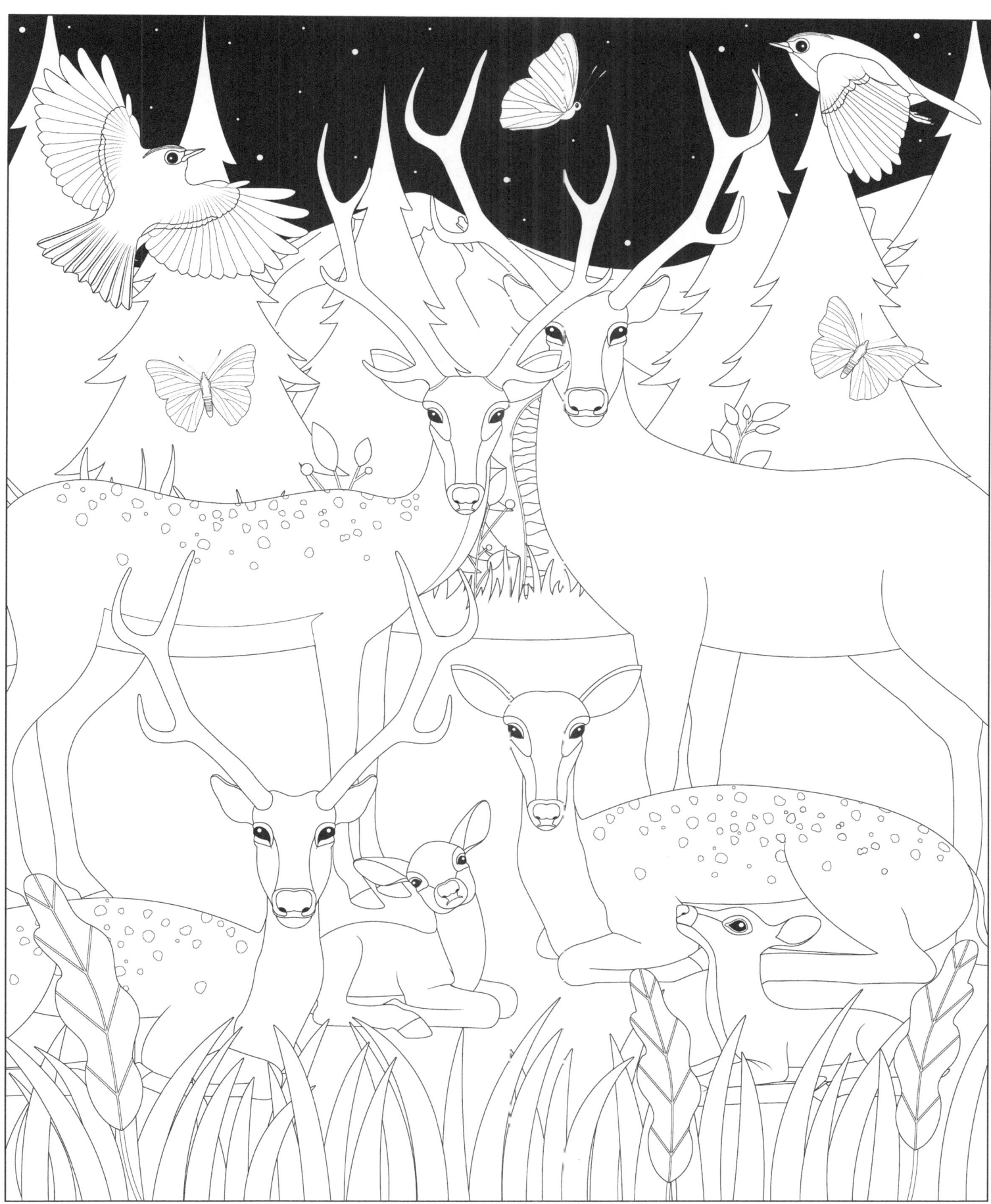

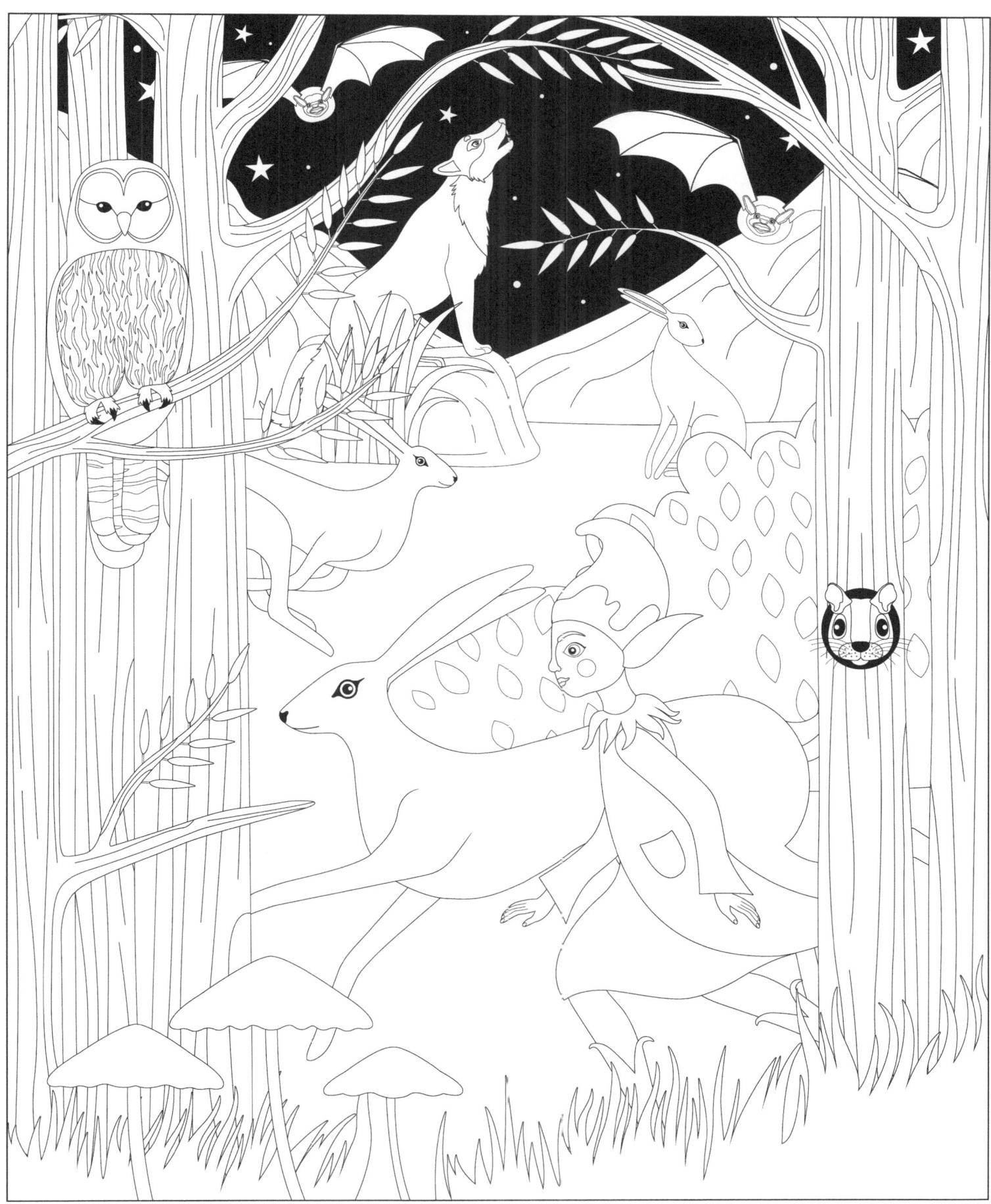

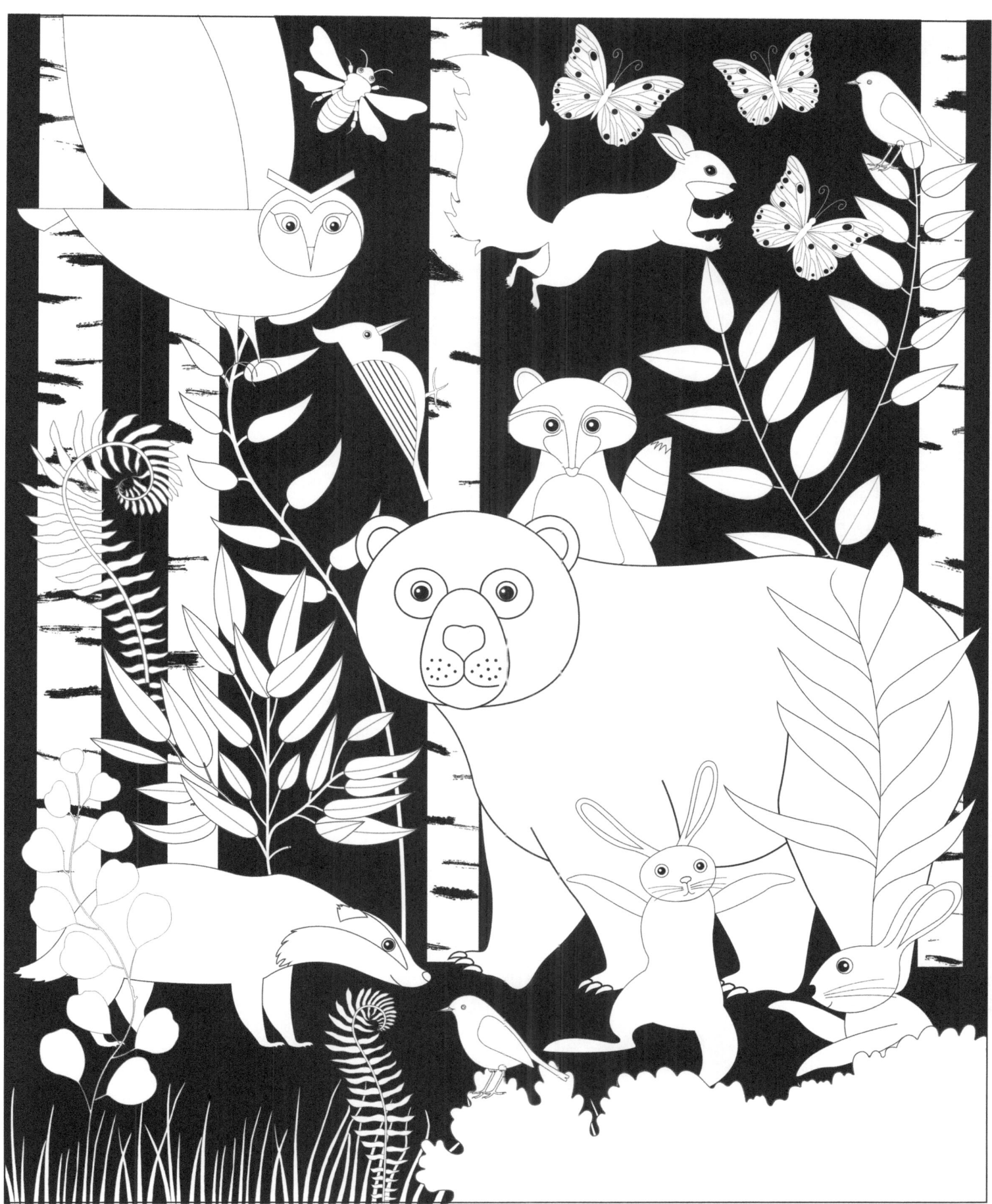

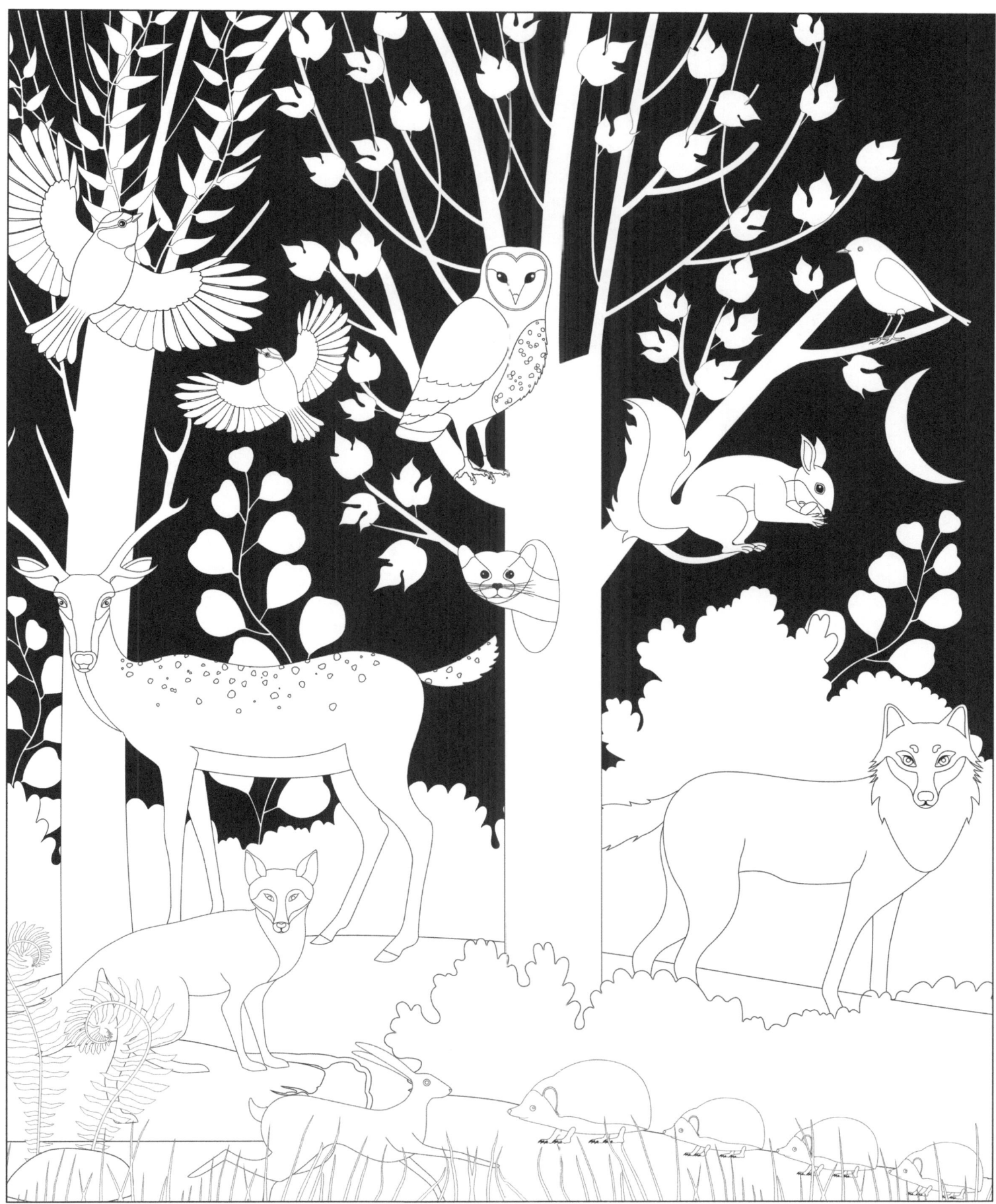